西國下向之時參詣長門國
神宮皇后之社壇歸洛之後
不經幾日一天得靜謐之時
四海屬無為之化仍以二首歌
詠備一心之法樂矣

こゝの代はまゝの海とわ
たさまるくにしはなほ
波風もなし
いにしへの二乃きての
君にもまたぬ神乃
しるしなりけれ

建武三年十一月十五日

権大納言源朝臣

神功皇后宮者本朝鎮護之
大廟外國降伏之靈祠也先
年參詣之時中懷祈願之趣
玄應太速冥助揭焉因致
一心懇信詠二首和歌

神はなほ定めしかたの代
をまもれとこそ海つらしも
いまもまもれぬ
仰にしへ人の國まく
なひきぬる神のめぐみも
とそ志らぬ

康永三年十一月十五日従三位行左兵衛督兼相模守源朝臣直義

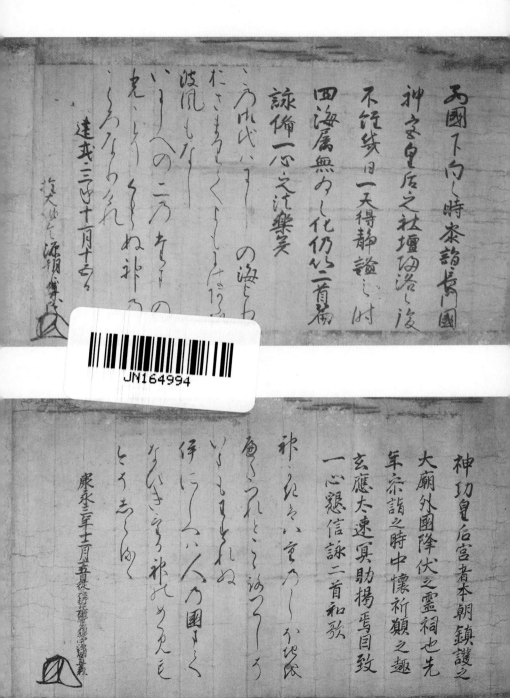

監修者――加藤友康／五味文彦／鈴木淳／高埜利彦

[**カバー表写真**]
白糸褄取威大鎧
(伝足利尊氏篠村八幡宮奉納，兜は一具のものではない)

[**カバー裏写真**]
足利尊氏坐像
(大分県国東市安国寺)

[**扉写真**]
足利尊氏奉納和歌(上)・足利直義奉納和歌

日本史リブレット人036

足利尊氏と足利直義

動乱のなかの権威確立

Yambe Koki
山家浩樹

目次

ふたりによる統治

足利尊氏（一三〇五〜五八）と弟直義（一三〇七〜五二）は、協力して室町幕府《むろまちばくふ》を築き上げた。そして、兄弟で補完しあって政権を運営した。しかし、たがいに対立するにいたり、直義は対立のなかで死を迎える。

次の二つの場面は、ふたりの登場する政治の舞台としてよく知られている。一つは、覇権を掌握する過程。鎌倉《かまくら》幕府を倒す側に立って、建武《けんむ》政権に参加、ついで関東進軍を契機に後醍醐《ごだいご》天皇から離反して、一度は九州へと敗走したものの京都を制圧し、光明《こうみょう》天皇を擁して室町幕府を樹立する。ふたりが協力して林立する個性と競いあい、他を凌駕していくようすは、『太平記《たいへいき》』▲をはじめとする軍記《ぐんき》物語にさまざまな挿話とともに語られ、印象的な歴史の一齣《ひとこま》となって

▼**『太平記』**　南北朝時代を中国の故事を引用しながら活写した軍記物語。三段階で成立し、それぞれ後醍醐天皇による倒幕《とうばく》、建武政権から後醍醐天皇の死、観応《かんのう》の擾乱《じょうらん》から足利義詮《よしあきら》の死と管領《かんれい》細川頼之《ほそかわよりゆき》の上洛《じょうらく》と要約される。

いる。もう一つは、ふたりの協力関係が瓦解して対立する過程。単なる兄弟の対立ではなく、それぞれを支持する集団の勢力争いであり、北朝《ほくちょう》・南朝《なんちょう》という対立軸で始まった内乱状態をさらに深める結果となった。ふたりはたがいに優位さをながく保てないなか、直義の死を迎えるが、集団間の勢力争いはその死を超えて続いていく。生き残った尊氏は、みずからを支持する集団の頂点として、政権を確立することに心血をそそぐ。

この二つの場面に比べて、そのあいだに挟まれた時期に、兄弟で政権を運営したようすは、あまり印象に残らない。この時期、畿内《きない》近国で南朝方との戦闘が続く一方で、京都市街は平穏であった。直義の死からのち、南朝方が一時的にせよ、しばしば京都に進攻するのとは好対照となっている。京都は意外なほど平穏が保たれる安定期となっていた。そのなか、尊氏・直義は共同して政権を運営し、政権の確立をめざした。尊氏・直義は、一定の権限分担をもちながら、実質的には、おもに直義が政権運営を担っていた。両者が対立するにいたったという結果から、両者の志向に相反をみいだすことも可能である。しかし、対立が表面化する以前は、尊氏と直義は、政権の確立という同じ目的のもと、結束して統治にあたったことも疑いない。

尊氏・直義について、これまでに多くの評伝が公にされ、研究も豊富に蓄積されている。本書では、改めて尊氏と直義を取り上げるにあたって、先行業績に多くをおいながら、よく知られた二つの場面は概観にとどめ、あいだに挟まれた安定期を中心に描きたい。そして、尊氏・直義兄弟の共同統治という視点を失わないようにしたい。そのうえで両者の共同統治がのちの室町幕府にどのように位置づけられたのか、についても考えてみたい。

なお、尊氏の初名は高氏であるが、本書では改名後の尊氏で統一した。

①―生誕から政権樹立まで

出自と統治者への道のり

足利尊氏と直義は二歳違い、父親ばかりでなく、母親も同じくする兄弟だった。父は足利貞氏《さだうじ》。鎌倉《かまくら》後期の足利氏は、政変に巻き込まれて逼塞《ひっそく》していたものの、御家人《ごけにん》のなかで名族であることに変わりなかった。母は上杉清子《うえすぎせいし》。尊氏の祖父家時《いえとき》も上杉氏▲を母とするなど、上杉氏は足利氏と姻戚関係にあり、足利氏の有力な被官《ひかん》▲となっていく。

尊氏は、一三〇五(嘉元《かげん》三)年、生まれた。父貞氏は三三歳、母清子は三六歳。直義は一三〇七(徳治《とくじ》二)年の生まれとなる。清子にとって、尊氏が初産であったかどうかはわかっていないものの、当時としては高齢になってからの出産だったと思われる。尊氏は初め高氏、直義は忠義と名乗っていた。

ふたりには高義《たかよし》という兄がいた。高義の母は、北条氏《ほうじょうし》一門の金沢顕時《かねざわあきとき》▲の娘で釈迦堂殿《しゃかどうどの》と呼ばれた女性である可能性が高い。権勢を誇った北条氏一門から正室を迎え、その嫡子が家督《かとく》を相続する、というのが通例であり、足利氏の歴

▼上杉氏　藤原《ふじわら》氏勧修寺《かじゅうじ》流の公家《くげ》を出自とし、丹波国上杉庄(京都府綾部《あやべ》市)を名字の地とする。一二五二(建長《けんちょう》四)年に将軍宗尊《むねたか》親王に従って鎌倉にくだったとされ、足利氏の重臣となる。南北朝《なんぼくちょう》期以降は、おもに関東で繁栄した。

▼被官　管轄される立場、保護を受ける立場にある者。貴族《きぞく》から百姓《ひゃくしょう》まで幅広く用いられ、従属の度合いも多様である。武士では守護《しゅご》など有力者と主従関係を結んだ者をさす。

▼金沢顕時　一二四六～一三〇一。北条氏のうち、武蔵《むさし》国金沢(横浜市金沢《かなざわ》区)を本拠とした一流で、金沢文庫を創設した実時《さねとき》の子。評定衆《ひょうじょうしゅう》など要職をつとめたが、安達泰盛《あだちやすもり》と縁戚のため政治変動に巻き込まれた。

足利氏系図

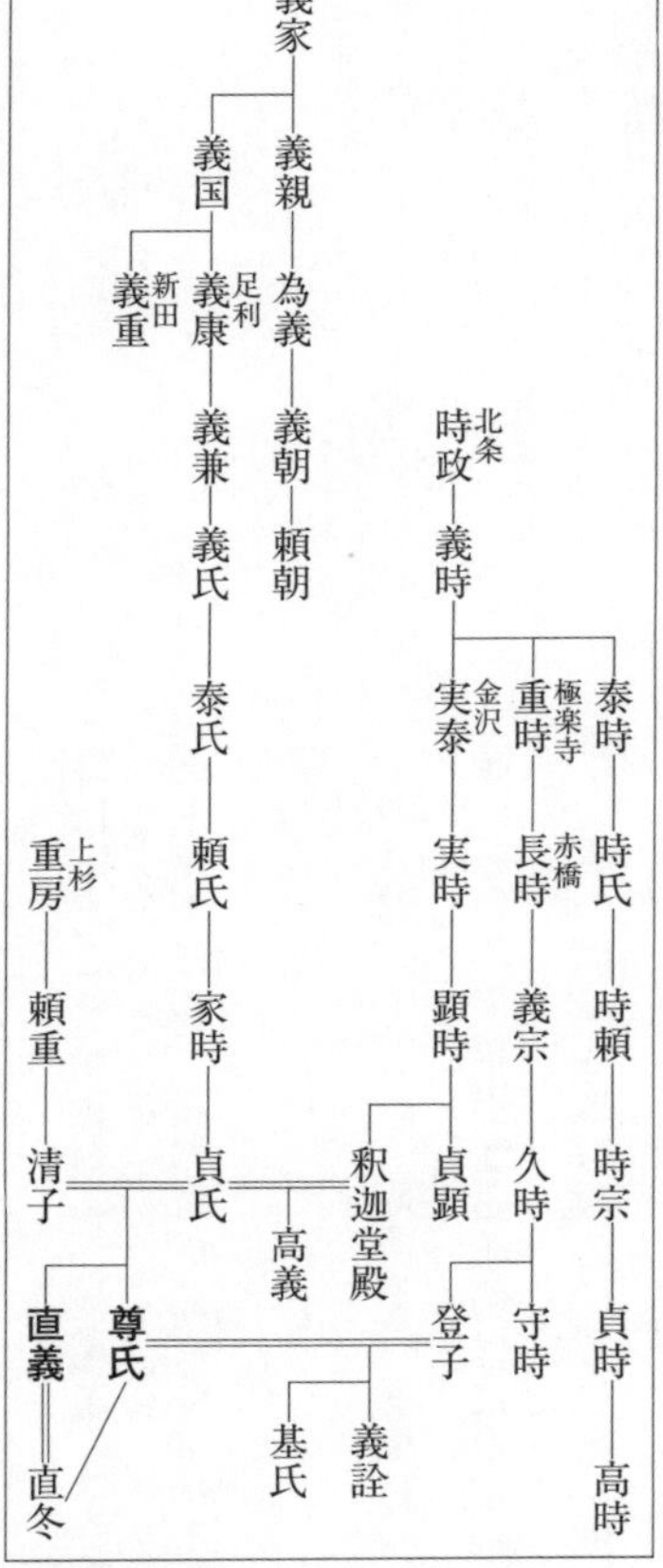

天皇家系図

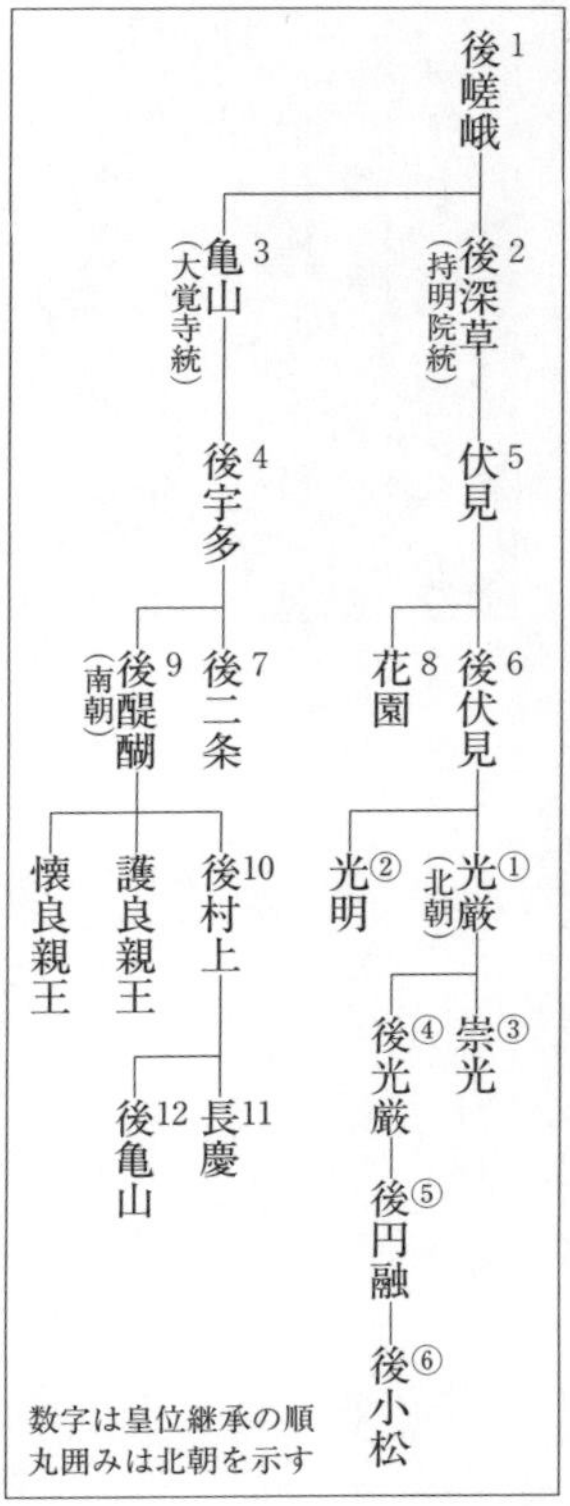

足利尊氏像 新出の像。画像上部の賛《さん》（像主尊氏をたたえる文章）は一三八〇年代のもの。そのころ作成された原画を室町中期以降に写したと思われる。ほかの尊氏の画像や肖像と面貌が似る。

後醍醐天皇像(清浄光寺《しょうじょうこうじ》)

▼**楠木正成**　?～一三三六。後醍醐天皇を支えた有力武将。赤坂城・千早《ちはや》城(大阪府千早赤阪村)に籠って倒幕に戦功あり、建武政権でも要職を占めた。九州から東上した尊氏軍を摂津《せっつ》国湊川《みなとがわ》(神戸《こうべ》市中央区)に迎撃したが敗死。

代当主でも、北条氏一門の女性を母としないのは尊氏の祖父家時だけだった。貞氏の正室は北条氏の血を引く釈迦堂殿であり、貞氏の後継者は高義であった。ところが、高義は家督を継いだのちに早世する。高義の死後、尊氏は一五歳で従五位下《じゅごいげ》に叙せられ、武家《ぶけ》社会を一面で支えた朝廷の秩序のなかで一人前と認知された。しかし、足利家家督はふたたび貞氏が保持していた。

やがて尊氏は、北条氏一門赤橋《あかはし》氏から守時《もりとき》の妹登子《とうし》を正室として迎える。尊氏を足利家家督とする方針が固まったためであろう。そして一三三一(元徳《げんとく》三)年九月、貞氏が死去するとともに、足利氏家督を継承した。時に尊氏二七歳、ほぼ同時に歴史の舞台に姿をあらわす。一方、直義は、一三二六(嘉暦《かりゃく》元)年、従五位下に叙せられている。すでに二〇歳、足利家の家督予定者の弟として歩みはじめる。

尊氏は、一三三一年九月、後醍醐《ごだいご》天皇が二度目の倒幕《とうばく》計画を企て、笠置山《かさぎやま》に籠城した際、幕府《ばくふ》から派遣された軍隊の大将の一人として登場する。とくに楠木正成《くすのきまさしげ》▲の籠る赤坂《あかさか》城攻めの際には、四手に分かれた軍隊の一手の大将となっている。他の三手の大将は北条氏一門から大仏貞直《おさらぎさだなお》・金沢貞冬《さだふゆ》・江間越前入道《えまえちぜんにゅうどう》であり、足利氏の格の高さがうかがわれる。現在まで伝わる尊氏の発した文書《もんじょ》のうち、初見はこの翌年二月のものとなっている。

後醍醐天皇は、二度目の倒幕計画に失敗して隠岐《おき》に配流《はいる》されるが、護良親王《もりよししんのう》▲・楠木正成・赤松円心《えんしん》▲らが反幕府の軍事行動を活発化させるなか、一三三三(正慶《しょうきょう》二・元弘《げんこう》三)年、隠岐を脱出する。尊氏はふたたび幕府軍として京都に進発するものの、反対に後醍醐天皇側に味方することとなり、鎌倉幕府は崩壊へと加速する。直義は、尊氏の鎌倉出発の場面ではじめて『太平記《たいへいき》』に登場する。幕府の中心にあった北条高時《たかとき》▲が尊氏に対し、妻子を鎌倉に残し、誓約書を提出するよう命じ、尊氏は不服ながら従うというシーンがある。この時尊氏は直義に相談し、直義は大儀《たいぎ》の前の小事として高時に従うよう進言している。『太平記』では、尊氏らは鎌倉出発の際、すでに倒幕の意志を固めていたことになっているため、このようなシーンが成立するのだが、意志を固めた時期は諸書で一定していない。

このの ち、鎌倉幕府の崩壊、建武《けんむ》政権の成立、建武政権の崩壊、室町幕府の成立、という政治の流れのなかでの、尊氏と直義の動きは、年表風にまとめた

▼**護良親王**　一三〇八～三五。後醍醐天皇の皇子。天台座主《てんだいざす》(比叡山延暦寺《えいざんえんりゃくじ》の管主《かんしゅ》)から還俗《げんぞく》して倒幕の中心となった。建武政権では征夷大将軍となるが、尊氏と対立した。鎌倉に拘禁され、北条時行の乱の際、直義により殺害される。

▼**赤松円心**　一二七七～一三五〇。播磨《はりま》国佐用《さよ》庄赤松村(兵庫県佐用《さよう》町)を名字の地とする一族。俗名則村《のりむら》。護良親王に応じて挙兵、六波羅探題《ろくはらたんだい》を攻略した。建武政権下で尊氏と行動を共にし、軍事面で支えた。守護大名《だいみょう》赤松氏の基礎を築いた。

▼**北条高時**　二二ページ参照。

年表１　尊氏と直義の動き（倒幕から政権樹立）

年		月	尊氏	直義
元徳３・元弘元	1331	９月	鎌倉幕府の命で，笠置山の後醍醐天皇への攻撃に参加。	
正慶２・元弘３	1333	４月	鎌倉幕府の命で，船上山の後醍醐天皇への攻撃に参加，ついで丹波国篠村で後醍醐天皇側として挙兵。	
		５月	六波羅探題陥落。	
			〔鎌倉幕府滅亡，建武新政〕	
		６月	鎮守府将軍に。	左馬頭に。
		８月	高氏から尊氏に改名，従三位・武蔵守に。	
		10月		正五位下に。
		11月		相模守に。
		12月		成良親王を奉じて鎌倉下向。
建武元	1334	正月	正三位に。	
		７月		従四位下に。
		９月	参議に。	
		10月		護良親王を鎌倉に幽閉。
建武２	1335	７月		北条時行軍に信濃から進攻を受け，護良を殺害し三河まで西走。
		８月	許可をえず鎌倉に下向，時行軍に勝利，そのまま帰京せず。	三河から尊氏と行動を共にする。
		11月	後醍醐天皇から追討の対象となり，新田義貞，京都を出陣。	
		12月		新田義貞軍に駿河国手越河原で敗北，箱根に。
		12月	鎌倉を出陣，箱根竹ノ下の戦いで義貞軍に勝利，西上。	箱根から尊氏と行動を共にする。
建武３・延元元	1336	正月	京都入京，北畠顕家軍などの攻撃を受けて西に撤退。	
		２月	摂津国で敗北，九州へ，途中，播磨国室津で軍議。備後国鞆で賢俊が光厳上皇院宣をもたらす。	
		３月	筑前国多々良浜の戦いで菊池軍に勝利。	
		４月	九州から東上。	
		５月	摂津国湊川の戦いで，楠木正成・新田義貞軍に勝利。	
		６月	尊氏，京都入京，後醍醐天皇，比叡山に。	
		８月	光明天皇即位。	
		10月	後醍醐天皇と講和。	
		11月	後醍醐天皇から神器授与，建武式目の制定。	
		11月	権大納言，従二位に。	
		12月	後醍醐天皇，京都を脱出して大和国吉野に，南北朝分裂。	

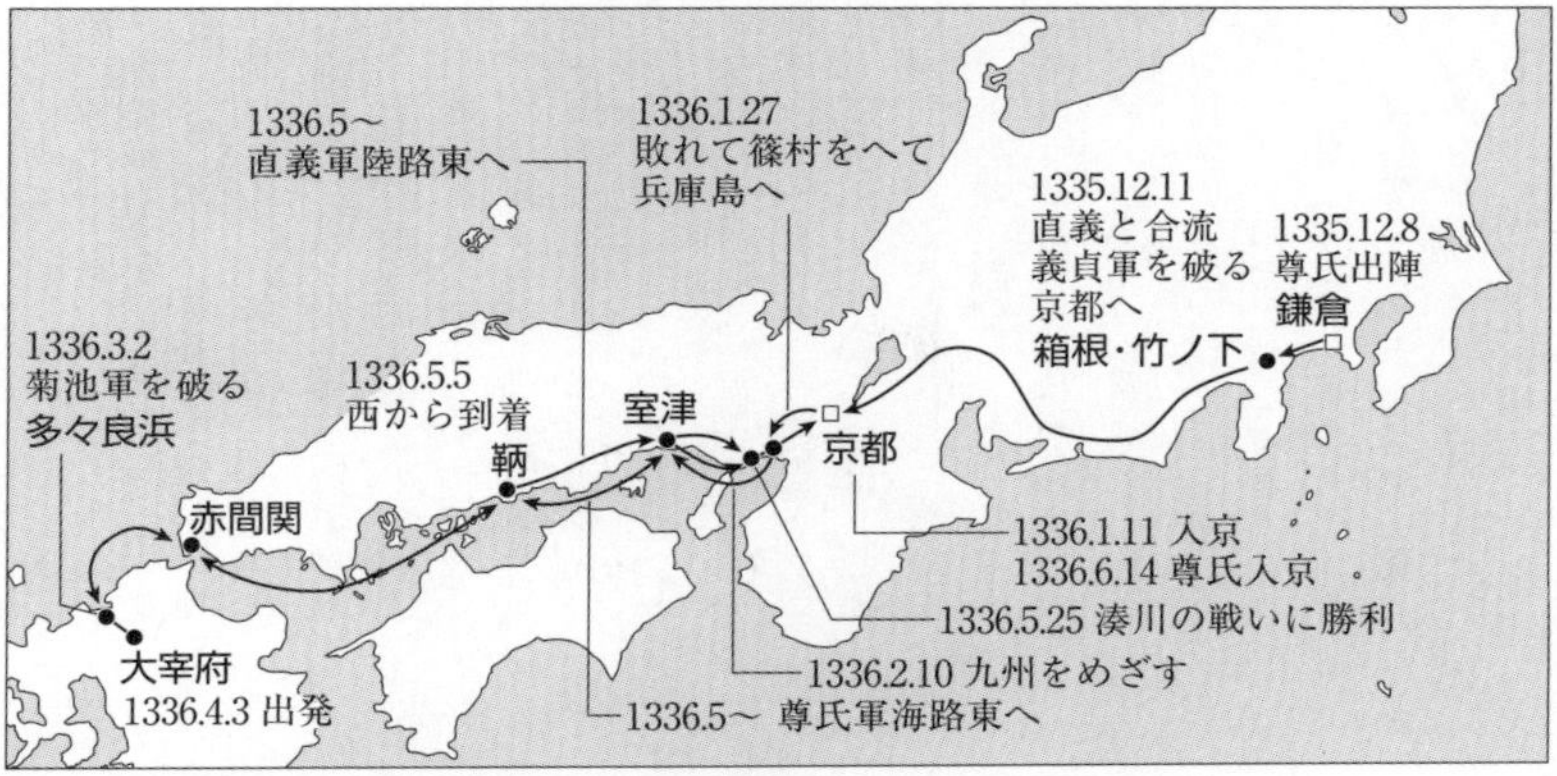

尊氏・直義行動図（1335〈建武２〉年12月から36〈同３〉年６月）

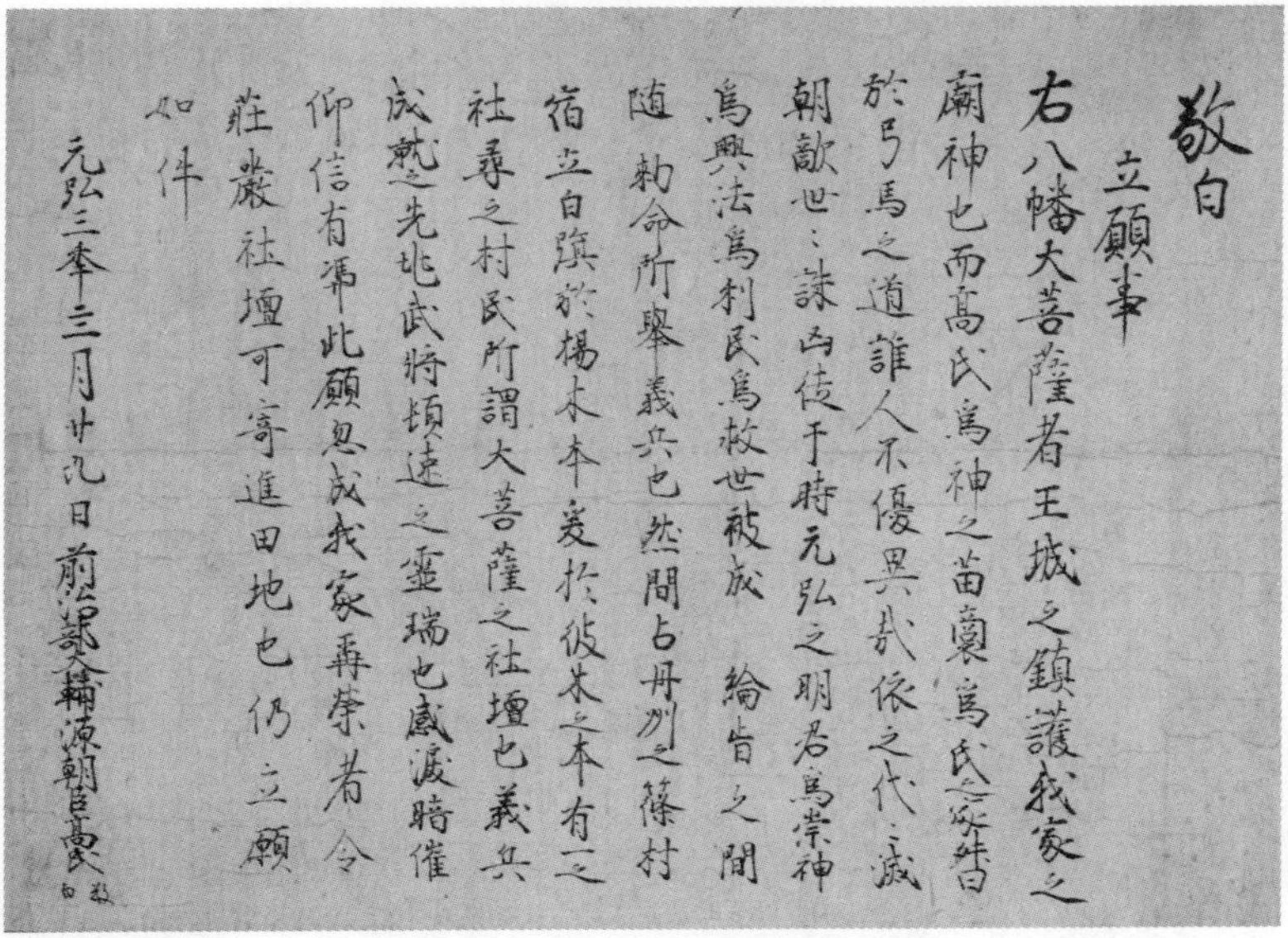
敬白
立願事
右八幡大菩薩者王城之鎮護我家之
廟神也而高氏為神之苗裔為氏之家督
於弓馬之道誰人不優異哉依之代々歳
朝歎世々誅凶徒于時元弘之明君為崇神
為興法為利民為救世被成　綸旨之間
随　勅命所挙義兵也然間占丹州之篠村
宿立白旗於楊木本爰於彼木之本有一
社尋之村民所謂大菩薩之社壇也義兵
成就之先兆武将頓速之霊瑞也感涙暗催
仰信有余此願忽成我家再栄者今
荘厳社壇可寄進田地也仍立願
如件
元弘三季三月廿九日　前治部大輔源朝臣高氏 白敬

足利高（尊）氏願文（篠村八幡宮文書）

表(年表1)で確認していただきたい。後醍醐天皇との離反から室町《むろまち》幕府成立にいたる過程はとりわけ複雑である。尊氏に即して略述すると、北条時行《ときゆき》の乱《らん》▲鎮圧のため鎌倉進発、後醍醐天皇からの離反を決意して追討軍を迎撃して上洛《じょうらく》、しかし京都を確保できずに九州まで敗走、体制を建てなおし東上して京都を回復し、新政権として光明《こうみょう》天皇を擁立し、新幕府を樹立、といった次第となる。

政権樹立の過程

この過程で留意したい点を三点取り上げたい。一つは、建武政権内での尊氏・直義の位置である。まずは尊氏。正三位《しょうさんみ》、ついで参議《さんぎ》に任じられて公《く》卿《ぎょう》▲に列せられており、伝統的な官位《かんい》体系のもとで一定の地位をあたえられている。一方で、その実権に即した官職・役職には就かず、伝統的な鎮守府《ちんじゅふ》将軍にとどまっている。尊氏は、京都において軍事を主導し、新政権の軍事面で重要な役割を果たした。また、所領《しょりょう》などの訴訟を扱う機関として新設された雑訴《ざっそ》決断所《けつだんしょ》▲に、足利氏有力被官の高《こう》▲氏や上杉氏を送り込むなど、尊氏は実務面でも新政権を支えていた。尊氏にふさわしい役職を新設する選択肢もあったはずで

▼**北条時行の乱**　一三三五(建武二)年七月、北条氏勢力が建武政権に叛した軍事行動。時行は北条高時の二男。信濃《しなの》国諏訪《すわ》で挙兵し、直義を駆逐して鎌倉を占拠した。尊氏は後醍醐天皇の許可を待たずに京都から東下、翌月時行軍を鎌倉から撤退させた。中先代《なかせんだい》の乱ともいう。

▼**公卿**　摂政《せっしょう》・関白《かんぱく》・大臣《だいじん》、大《だい》納言《なごん》・中納言《ちゅうなごん》・参議(四位《しい》を含む)、および官をもたない三位以上の総称。公卿とそれ以外には格差があり、さらに、四位と五位、五位と六位以下にも大きな格差があった。

▼**雑訴決断所**　建武政権を象徴する機関で、所領に関する訴訟を扱った。公家の伝統によるメンバーに武家の有力者・実務者が加わり、後醍醐天皇の命令である綸旨《りんじ》の機能を補完した。決定は牒《ちょう》という文書形式で伝達された。

ある。

従来、後醍醐天皇をはじめ新政権首脳は、尊氏の発言力増大を警戒して彼を排除し、そのために、尊氏は然るべき役職をえられなかったと説明されてきた。最近では、尊氏もまた、征夷大将軍《せいいたいしょうぐん》は別として、それ以外の役職に執着することはなかったのではないかと考えられている。征夷大将軍については、尊氏は、北条時行の乱平定に下向《げこう》する際にこの職を望んだが許されていない。この時具体的な職名を付されたかどうかは諸史料で異なり、『神皇正統記《じんのうしょうとうき》』▲では「征《せい》東《とう》将軍」になったとする。のちに弟直義に政務をまかせたことから類推すると、建武政権下でも、尊氏は責任ある立場で政務の中心にいることを望まなかった可能性は高い。

直義は、建武政権下で従四位下《じゅしいげ》、左馬頭《さまのかみ》・相模守《さがみのかみ》となる。直義は新政権中枢に参画せず、一三三三(元弘三)年末に京都を離れ、後醍醐天皇の皇子成良《なりよし》親王を奉じて鎌倉に赴いた。前々月、北畠親房《きたばたけちかふさ》・顕家《あきいえ》▲が義良《のりよし》親王を奉じて陸奥《むつ》に赴いており、皇子を奉じて地方統治を行う第二弾であった。鎌倉では、尊氏が人質として残した子息の千寿王《せんじゅおう》(のちの義詮《よしあきら》)が武士の中心としての立場を固め

▼**高氏**　足利氏被官の代表格で、鎌倉初期から足利氏に仕えた。被官の筆頭である執事《しつじ》をつとめることも多かった。高階《たかしな》氏一族で下野《しもつけ》国出身とされる。観応《かんのう》の擾乱《じょうらん》で大きく勢力を削減する。

▼**『神皇正統記』**　北畠親房の著わした歴史書。一三三九(暦応《りゃくおう》二・延元《えんげん》四)年に常陸《ひたち》国小田《おだ》城(茨城県つくば市)で完成した。歴代天皇を記した年代記の体裁をとり、後醍醐天皇から後村上《ごむらかみ》天皇の皇位の正統性を説く。歴史思想の書として中世を代表する一つ。

▼**北畠親房・顕家**　親房(一二九三～一三五四)・顕家(一三一八～三八)は親子。親房は後醍醐天皇の重臣。顕家は軍事行動に優れ、一三三五(建武二)年に尊氏軍を九州に敗走させたが、のち畿内《きない》で敗死。親房は一三三八(暦応元・延元三)年東国《とうごく》に赴き南朝勢力の挽回を期したが実らず帰京。

足利義詮像(宝篋院《ほうきょういん》)

▼新田義貞　?～一三三八。新田氏も足利氏同様に清和源氏《せいわげんじ》嫡流の流れをくむ。建武政権下で尊氏と対立、一三三六(建武三・延元元)年に湊川の戦で敗れて劣勢となり、恒良《つねよし》親王を擁して越前《えちぜん》金崎《かねがさき》城(福井県敦賀《つるが》市)によったが、翌年敗れた。

つつあった。新田義貞《にったよしさだ》▲は、鎌倉を攻撃して北条氏を滅亡に導いた主力であったものの、千寿王を支持する勢力に押され、鎌倉を離れて上洛している。直義の鎌倉下向は、鎌倉を中心とする関東を足利氏が掌握するうえで大きな意味をもった。

室町幕府樹立までの過程で留意したい点として、つぎに直義の軍事行動を取り上げよう。この間、直義は尊氏とは別行動で二度敗走を経験している。一度は、北条時行軍が鎌倉に進攻した際のこと。鎌倉を明け渡して西走した。三《み》河国《かわのくに》矢矧《やはぎ》で京都から下向した尊氏軍と合流している。もう一度は、時行の乱平定後に鎌倉にとどまった尊氏に対し、新田義貞軍が追討のため京都から東下した際のこと。直義と有力武将は協議して先行隊を派遣したが、三河国矢矧川で敗れ、ついで直義自身出馬するも駿河《するが》国手越河原《てごしがわら》で敗れ、箱根山《はこねさん》まで退いている。この時尊氏は、後醍醐天皇の意志に背くのは本意でないと逡巡して鎌倉にとどまっていたが、周囲の説得あるいはみずからの状況判断で出陣を決意、箱根山で直義と二手に分かれた作戦が功を奏し、義貞軍を敗走させた。

直義の二度の敗走は、軍事の大将としての実力に不安を感じさせ、尊氏の軍

篠村八幡宮（京都府亀岡市）

▼**『梅松論』** 承久《じょうきゅう》の乱から一三三七（建武四・延元二）年の金崎城陥落までを載せる軍記物語。『太平記』と並び立つ。参籠中に老僧が夜通し語る体裁をとり、本文は古本と流布本で異同がある。

事面での統率力と比べると見劣りがする。一方で、新政権に対して不満を感じていた武将たちの意向を集約して、あらたな方向をめざすべく決断し、尊氏を担ぎ上げて成功に導いた政治力は卓抜している。直義のもつ、政権を構想して運営していく力量はすでにこの時点で発揮されているといえよう。

留意したい第三の点は、丹波《たんば》国篠村八幡宮《しのむらはちまんぐう》のもつ意味である。篠村は、現在の京都府亀岡《かめおか》市の東部、京都からみると西へ向かって老《おい》ノ坂《さか》を越えた場所にあり、京都出入りに要衝の地であった。一三三三年四月、尊氏は、幕府軍として上洛し、配流先の隠岐から脱出した後醍醐天皇を討つため、京都から西へ進軍する。しかしその途中、篠村八幡宮で後醍醐天皇側に立つことを明確にする。この時尊氏のささげた願文《がんもん》が篠村八幡宮に伝わっている（九ページ下図）。また一三三六（建武三）年正月、尊氏は鎌倉から西上して入京したものの、陸奥から北畠顕家軍に追走され京都を脱出する。『梅松論《ばいしょうろん》』▲によると、二月一日篠村に陣をしき、ただちに京都に引き返さずに西に向けて体制を整えることとする。この日付で、尊氏が篠村八幡宮に丹波国佐伯庄《さえきのしょう》地頭職《じとうしき》を寄進した文書が伝わっている。このの ち西国《さいごく》で支持者を集めることに成功し、西国を拠点とする室町幕府の原型が形成されることとなる。

丹波国篠村庄は、かつて源頼朝《みなもとのよりとも》の周辺で伝領された所領であった。もと平重衡《たいらのしげひら》の所領で、平氏《へいし》滅亡ののち源義経《よしつね》にわたり、義経は松尾《まつのお》の僧延朗《えんろう》に寄付している。延朗は八幡《はちまん》太郎義家《たろうよしいえ》の曽孫で、頼朝の曽祖父義親《よしちか》の孫にあたる人物である。また、頼朝の妹で一条能保《いちじょうよしやす》妻となった女性の所領としても確認される。篠村は頼朝の色濃い場所であり、そこを選んで反幕府の挙兵を宣言している。尊氏を頼朝後継者に擬する演出とみなされる。また、丹波は足利氏にとって由縁浅からぬ地であったことも、背景としてみのがせない。有力被官上杉氏の出身地であり、自身でも丹波国内に所領をいくつかもっていた。こののち尊氏、続いて歴代の足利将軍は、篠村八幡宮に対して、別当職《べっとうしき》▲を補任《ぶにん》するなど権限を保持している。あるいは挙兵以前の段階から、尊氏は篠村八幡宮と関わりをもっていた可能性も考えられよう。

▼**別当職**　別当は広く組織の長、あるいはそれに準ずる立場をさす言葉。朝廷の官司、公家の家政《かせい》機関など幅広く用いられた。寺院では古くは最高責任者(長官)をさしたが、のち長官の呼び方は多様となった。

②足利氏権威の向上

正統性の確立

一三三六(建武《けんむ》三)年八月、光明《こうみょう》天皇が即位し、十一月には、尊氏を中心とする政権の方向性が建武式目《しきもく》▲として公表され、新政権は歩みを始める。いわゆる室町幕府《むろまちばくふ》である。新政権をめぐる情勢は予断を許さないものだった。後醍醐《ごだいご》天皇は、いったんは尊氏との和議《わぎ》を受け入れたものの、十二月には京都を脱出して吉野《よしの》に拠点をおき、その後も、もう一方の政治勢力の核であり続けた。尊氏を擁する新政権は、幅広い支持をえるため、軍事面での優位を保つことばかりでなく、政権担当者としての正統性を示すことに腐心する。一三三八(暦応《りゃくおう》元)年八月に尊氏は征夷大将軍《せいいたいしょうぐん》となった。尊氏、そして足利氏が、鎌倉《かまくら》幕府の将軍と同等の存在として、加えてその後の諸勢力の継承者として、幅広い人びとに認知されるならば、新政権は他の勢力を排して安定へと向かうことが可能となる。ここでは、政権担当者としての正統性の確立について述べたい。

尊氏を中心とする政権にとって、継承者としての正統性を主張する場合、そ

▼**建武式目**　尊氏の二つの諮問《しもん》に公式の法律専門家八人が答申する形式をとる。諮問は、幕府は鎌倉か京都か、そして施政方針についてで、後者の答申は一七カ条からなる。室町幕府の基本法令と位置づけられた。

の根拠は三点ほどあげられる。まずは(1)尊氏および足利氏嫡流が、源氏《げんじ》の正嫡であり、武家《ぶけ》の棟梁《とうりょう》▲としてふさわしいこと。より狭義には頼朝《よりとも》ら三代の鎌倉幕府将軍の後継者であることを意味し、ひいては鎌倉幕府将軍という地位の後継者を主張することにもつながる。またその将軍のもと政権の実権を掌握していたのは北条氏《ほうじょうし》であった。そのため(2)尊氏を中心とする政権が、北条氏の実権をも継承していること。さらに、尊氏らが継承する対象として、前政権である建武政権も忘れてはならない。そこで(3)北朝《ほくちょう》・室町幕府による体制が、建武政権を正統に引き継いでいること。この三点が主眼となろう。

京都での根拠地

はじめに、尊氏・直義が京都でどこを拠点にしたかをみる。鎌倉時代の足利氏は京都にこれといったよりどころを保持していなかったと想像され、京都を本拠地とするにあたり、どこに邸宅を構え、氏寺《うじでら》を設けたかを整理することで、足利氏がみずからのよりどころを何におこうとしたか、垣間みえてくる。正統性の根拠と共通するものがあるはずである。

▼**武家の棟梁**　棟梁は、屋根のむね・はりに由来し、集団を率いる者をさす。武士の特定の一族を統率する有力者を意味していたが、源頼朝の出現により、武家全体の頂点に立つ者をさす言葉として定着した。

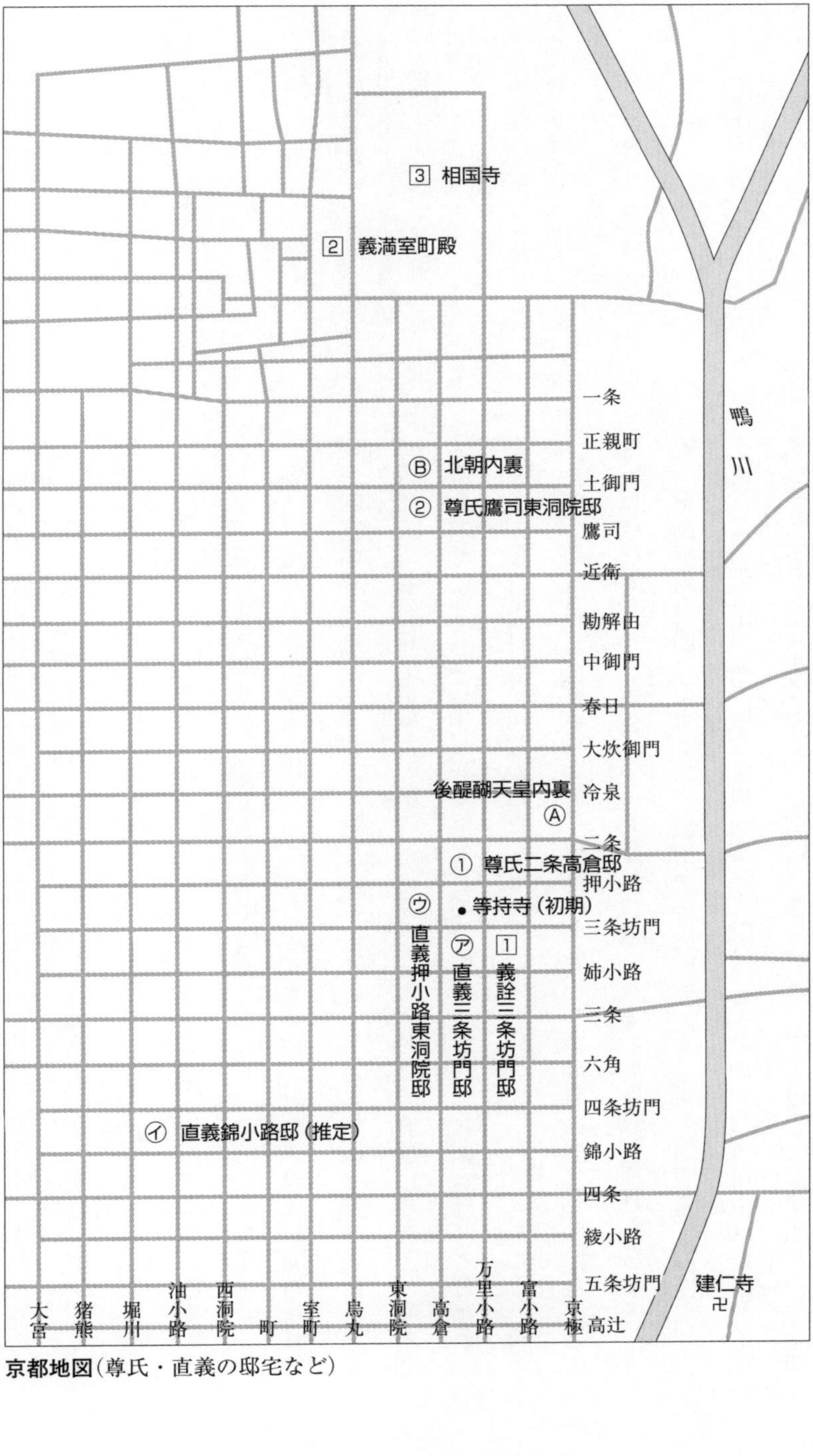

京都地図（尊氏・直義の邸宅など）

直義は、建武政権の時代以来、一貫して三条坊門小路《さんじょうぼうもんこうじ》の南、万里《まで》小路の西、高倉《たかくら》小路の東に位置する邸宅に居住した。三条殿と呼ばれることが多い。この場所を選んだ理由として、後醍醐天皇の二条富《にじょうとみ》小路内裏《だいり》に近いことがあげられている。加えて、古く宮地直一氏は、この場所は鎌倉時代には源姓公家《くげ》である源通成《みなもとのみちなり》の邸宅であり、邸内に八幡宮《はちまんぐう》をまつっていたことを指摘している。

直義は、兄弟で源氏の嫡流たらんことを強く意識していた。源氏と関わりの深い八幡宮▲の存在は、直義がこの地を邸宅に定める大きな要因となったであろう。通成邸の八幡宮は、直義邸の鎮守《ちんじゅ》八幡宮へと転化した。直義亡きあと、直義邸は別人の宅地とはならず、八幡宮として位置づけられて三条八幡宮と呼ばれ、事実上、幕府の管理下におかれた。

一方、尊氏は、建武政権の時、直義邸の北、二条高倉に居住していた。この邸宅は焼失し、一三四四(康永《こうえい》三)年には鷹司東洞院《たかつかさひがしのとういん》邸に居住している。土《つち》御門《みかど》東洞院内裏の近くである。細川武稔氏によると、この間、尊氏は東山常《ひがしやまじょう》在光院《ざいこういん》に居宅を構えていた。東山常在光院は、北条氏一門の金沢《かねざわ》氏が京都での拠点としていた寺院である。金沢氏は尊氏にとって義母の実家であり、縁戚関

▼**源氏と八幡宮**　宇佐《うさ》八幡宮(大分県宇佐市)を起源とする八幡神は、応神《おうじん》天皇と結びつけられるなど武神としての面をもつ。とくに清和《せいわ》源氏の信仰厚く、源義家は八幡太郎と称し、鶴岡《つるがおか》八幡宮は源氏の都《みやこ》鎌倉の中心となった。

▼**夢窓疎石**　一二七五〜一三五一。臨済宗《りんざいしゅう》の禅僧。高峰顕日《こうほうけんにち》の法を継ぐ。壮年期まで政権と距離をおいたが、のち京都で後醍醐天皇や尊氏・直義に近く活躍した。弟子集団は大派閥となり、室町幕府を支える禅宗の中心を担った。

▼**高師直**　?〜一三五一。室町幕府では将軍家執事《しつじ》として尊氏を補佐した。建武政権で雑訴決断所《ざっそけつだんしょ》奉行《ぶぎょう》をつとめている。旧来の秩序を尊重しない新興勢力の担い手と位置づけられ、直義と対立して観応の擾乱《じょうらん》の契機をつくった。

▼**無学祖元**　一二二六〜八六。中国の臨済宗僧。一二七九(弘安《こうあん》二)年に北条時宗《ときむね》の招請で来日し、建長寺《けんちょうじ》住持《じゅうじ》をへて円覚寺《えんがくじ》開山となる。日本で帰依者が多く、高峰顕日など弟子を育て、弟子集団から夢窓など有力者が生まれた。

無外如大坐像(宝慈院《ほうじいん》)

係を利用していると考えられる。

　直義邸の北に隣接して、尊氏の二条高倉邸にも近い位置に等持寺《とうじじ》が存在した。直義邸に付属する持仏堂《じぶつどう》のような存在の禅宗《ぜんしゅう》寺院であり、洛中《らくちゅう》にはじめて設けられた足利氏ゆかりの寺院となる。その変遷や意義は細川武稔氏の研究に詳しい。一方、洛北《らくほく》には等持院《とうじいん》という似た名前の寺院があり、こちらは足利氏の葬送にかかわる寺院として位置づけられていく。

　では等持院の立地にはどのような背景があるだろうか。等持院は、現在でも真如寺《しんにょじ》の西隣に位置している。真如寺は、夢窓疎石《むそうそせき》▲が高師直《こうのもろなお》▲に勧めて、さきに存在していた正脈庵《しょうみゃくあん》という寺院を核として、天龍寺《てんりゅうじ》と同時並行的に造立された。核となった正脈庵は、尼僧無外如大《むがいにょだい》が、師匠である無学祖元《むがくそげん》▲(夢窓疎石の師の師)の遺髪などをまつって始めた禅院で、鎌倉時代末には存在していた。無外如大は、尊氏の異母兄高義《たかよし》の母方の祖母で金沢氏に嫁いだ無着《むちゃく》と同一人物と伝えられるけれども、その伝記には矛盾も多く、無外如大と無着は別人であるかもしれない。その場合でも、両者が似た境遇にあったがゆえに混同されたのであろうから、無外如大も無着と同じく足利氏ゆかりの女性である可能性は高い。そこで、足利氏は、ゆかりの尼僧が開創した正脈庵に隣接した場所を選んで禅院を設け、一族の葬送にかかわる機能をもたせた、と推測することができよう。

頼朝の追善

尊氏・直義の京都での拠点を検討するなかでも、前掲(1)(2)にかかわる意識を垣間みることができた。新政権は、継承者であることを明示するために、このほかにも多様な場面で、さまざまなしかけを試みることになる。とりわけ、これら前政権の中心人物の死をとむらい、その仏事を主催することは、衆人にわかりやすいデモンストレーションとなった。前政権の中心人物とは、鎌倉幕府で実権をもった将軍であった頼朝など、ついで鎌倉幕府後半の中心となった北条氏、とくに家督《かとく》である得宗《とくそう》▲、そして後醍醐天皇である。

頼朝らの場合は、その死去から年月が経過して、三十三回忌はとうにすぎているため、周忌仏事を開催する機会は少なく、既存のとむらう施設を管理下におく方向で進んだ。頼朝をとむらう施設として、鎌倉には法華堂《ほっけどう》（右大将家法《うだいしょうけ》

▼**得宗**　北条義時《よしとき》の法名に由来し、北条氏の家督をさす言葉として使われた。北条氏が幕府で担う執権《しっけん》の立場としだいに乖離し、得宗が幕府政治の中心となっていく。

華堂)があった。生前には頼朝の持仏堂で、現在の頼朝墓がある場所に建てられていたとみなされている。一二四七(宝治《ほうじ》元)年、北条氏に立ち向かった名族三浦《みうら》氏は、敗色濃厚のなか、一族五〇〇人で法華堂に籠り、頼朝の遺影の前で自害して果てた。みずからこそ頼朝の精神を受け継ぐものという意思表明だったのだろう。法華堂は、東国《とうごく》に武家政権を建てた頼朝を象徴する場所として意識されていたのである。

法華堂には、禅衆《ぜんしゅう》と呼ばれる僧侶が籍をおいていた。一三三五(建武二)年十二月、建武政権下で鎌倉に下向《げこう》していた直義は、禅衆たちに立場を保障しており、すでに法華堂を管理する立場にあった。この年八月、鎌倉を一時占領していた北条時行《ときゆき》は、三浦半島にあった禅衆の所領《しょりょう》を安堵《あんど》しており、鎌倉支配者にとって法華堂を管理することが重要であったことをうかがわせる。こののち、尊氏・直義の共同統治期の法華堂のようすは残念ながら明らかでないが、観応《かんのう》年間(一三五〇〜五二)になると、法華堂を僧侶として統括する別当職《べっとうしき》に、京都醍醐寺地蔵院《だいごじじぞういん》▲の院主《いんじゅ》が任じられる。地蔵院院主は、こののち将軍のバックアップを受けて、京都から離れた場所にあるこの職の維持につとめている。幕府は

▼**醍醐寺地蔵院**　醍醐寺の院家の一つで、真言宗《しんごんしゅう》の法流三宝院流の支流を継承した。鎌倉後期の院主親玄《しんげん》は、関東に下向して幕府との関係を深めた。その影響で南北朝期以降も関東での権益を獲得・保持することにつとめている。

引き続き法華堂を管理下におこうとしていたことがわかる。

鎌倉には源氏一族関係の法華堂として、もう一つ、二位《にい》家・右大臣《うだいじん》家法華堂があった。二位家は、頼朝の妻で頼朝死後に活躍した北条政子《まさこ》、右大臣家は、三代将軍実朝《さねとも》をさす。この法華堂も幕府の管理下におかれていた。直義は、一三四七(貞和《じょうわ》三)年に、この法華堂の別当職に醍醐寺三宝院《さんぼういん》の院主賢俊《けんしゅん》▲を任じ、この別当職はのち三宝院に伝領され、将軍から安堵されている。

北条氏の追善

尊氏らがみずから倒した北条氏一門の死後をとむらうのは、一見矛盾している。しかし、戦争での死者は区別なくとむらうべき対象であり、とくに前政権の中心人物となると、その死後仏事は後継政権の担うべき役割であった。

建武政権にとっても、最後の得宗北条高時《たかとき》▲をとむらうことは課題であり、高時旧宅の場所に宝戒寺《ほうかいじ》が建立《こんりゅう》される。一三三五(建武二)年、尊氏は、得宗高時ほか戦死者の亡魂を鎮めるため、宝戒寺に所領を寄進している。そこからの年《ねん》貢《ぐ》などで祈禱《きとう》を行うのである。同じ頃尊氏は、上杉氏の関係する丹波《たんば》光福寺《こうふくじ》に

▼**賢俊**　一二九九〜一三五七。真言宗僧。尊氏・直義を支えた僧侶として、禅宗の夢窓疎石とならぶ存在。父は日野俊光《ひのとしみつ》。みずからも尊氏らのもと醍醐寺内での地位を固め、三宝院を中心とする醍醐寺の体制を再構築した。六〇ページ参照。

▼**北条高時**　一三〇三〜三三。最後の得宗。一三一一(応長《おうちょう》元)年に父貞時の死により得宗となる。被官筆頭の長崎《ながさき》氏や母方の安達《あだち》氏に支えられた。鎌倉侵攻を受けて東勝寺《とうしょうじ》で自刃した。東勝寺は宝戒寺の南東の山にあった。

宝戒寺(鎌倉市)

も所領を寄進し、高時ほかの怨霊《おんりょう》を救おうとしている。尊氏は、建武政権下から高時ら戦没者の追善《ついぜん》に熱心だったことがわかる。そして政権樹立後の一三四五(貞和元)年には、幕府は高時の十三回忌仏事を行っている。尊氏死後の一三六五(貞治《じょうじ》四)年には、将軍義詮《よしあきら》のもと、高時の三十三回忌が行われ、高時に従《じゅ》四位下《しいげ》の位階《いかい》が贈位されている。北条高時と戦没者の仏事は、足利将軍をいただく幕府が担っていたのである。

さて北条氏一門の成年男子は、戦死したか、既存の寺院組織のなかで僧としてすごした。一方、一門の子女は、よるべき支えを失うなか、新政権から援助を受けることとなる。少し死後仏事から離れて、生存した北条氏子女のようすにふれたい。

北条貞時《さだとき》夫人で、最後の得宗北条高時の母となった女性は、夫の死後に出家して、覚海円成《かくかいえんじょう》と名乗った。円成は、鎌倉幕府滅亡までは鎌倉にいたが、滅亡後、北条氏の名字の地である伊豆《いず》国北条に移り、そこで円成寺を開創し、生き残った一族の子女のよるべとした。一三三九(暦応二)年、足利直義は、円成寺に北条五箇郷《ごかごう》などを寄進し、子女の生活と死者の鎮魂にあてる資財とした。幕府は、前政権の中心にいた一族の子女を援助したのである。

北条という地名は、狭い範囲では、現在の静岡県伊豆《いず》の国《くに》市(旧韮山《にらやま》町)寺家《じけ》や四日町《よっかまち》辺り、独立した小丘陵である守山《もりやま》の北麓周辺とされている。この一帯は発掘が進んでおり、御所之内《ごしょのうち》遺跡群と総称され、鎌倉時代は北条氏の邸宅のあった場所と考えられている。そのなかに円成寺伝承地があり、発掘の結果、寺院跡が発見された。円成寺は、かつて北条氏邸宅であった跡に建立されたことが確実となったのである。また、この一帯の遺跡は、堀越御所《ほりごえごしょ》跡としても知られている。堀越御所とは、のち十五世紀後半に生きた、将軍足利義教《よしのり》の子政《まさ》知《とも》らの邸宅をさす。政知は、関東を統括するために京都から派遣されたが、鎌倉に入れず、ここを拠点に堀越公方《くぼう》▲と名乗った。守山北麓一帯は、鎌倉時代に北条館、南北朝《なんぼくちょう》時代以降に円成寺、室町時代中期に堀越御所があったのである。時代を超えて重要であったこの地は、狩野《かの》川が近くに流れ、水陸交通の要衝であった。

鎌倉幕府滅亡後すぐの一三三三(元弘《げんこう》三)年七月、後醍醐天皇は尊氏に対し、覚海円成に「伊豆国北条館」などを安堵するよう命じている。建武政権もまた、

円成寺跡(伊豆の国市)

▼**堀越公方**　政知は足利義政《よしまさ》の兄弟で、関東公方足利成氏《しげうじ》が下総《しもうさ》国古河《こが》(茨城県古河市)に退去したのち、一四五八(長禄二)年に後継者として鎌倉に派遣されたが、統治者たりえなかった。子の茶々丸《ちゃちゃまる》が北条早雲《そううん》に滅ぼされた。

▼山木　一一八〇(治承四)年、源頼朝は、挙兵の最初の攻撃目標として、伊豆国目代《もくだい》山木兼隆《かねたか》を攻撃し勝利した。山木郷は、その山木氏の名字の地で、韮山城の北東地域。

北条氏子女を保護しようとしたことがわかると同時に、尊氏にあてて命令が出されていることも注目される。直義が円成寺に寄進した北条五箇郷は、北条の東の山木《やまき》▲、その北の原木《ばらき》・肥田《ひた》、守山南麓の中条など、かなり広い地域となっている。北条氏滅亡後、北条館とその周囲の地域は、尊氏、ついで直義が領有し、そのもとで覚海円成が権利をえていたと思われる。後醍醐天皇による安堵も、尊氏の申請による可能性が高いだろう。のち一三五一(観応二・正平《しょうへい》六)年、尊氏と直義が対立するなか、尊氏は鎌倉にいる直義を攻撃し、敗走する直義軍は、年末に北条に逃げ落ちており、北条は、直義にとっても拠点の一つとなっていた。直義死去後、円成寺には上杉氏の子女が入るなど、この辺りは上杉氏の領有となった可能性が高い。戦国時代になると、北条五箇郷の東に位置する韮山城は、後《ご》北条氏の伊豆支配の拠点となり、北条の地も韮山城下へと変化する。

なお、これまで、北条氏嫡流の死後仏事や子女保護を、政権後継者として行ったことと位置づけてきた。一方で、尊氏正室は北条氏出身で、尊氏が北条氏の縁故者である点も忘れてはならない。尊氏妻赤橋登子《あかはしとうし》の兄にあたる赤橋守時《もりとき》

天龍寺（京都市）

の未亡人は、建武政権下、伊豆国に所領をあたえられている。おそらくは尊氏の要請によると思われる。守時の仏事については、義詮の時代、北条高時の三十三回忌の直前に、守時の三十三回忌仏事が義詮により挙行されている。守時をめぐる事例では、尊氏は縁故者として、北条氏一門の仏事を行ったり、子女の援助を行っている。嫡流の仏事ほかを主催したことにも、影響をあたえているかもしれない。

後醍醐天皇の追善

尊氏らの政権は、後醍醐天皇の政権を継承する立場に立っていた。尊氏らが擁立した光明天皇は、後醍醐天皇から皇位を受け継ぐ形をとっている。一三三九（暦応二）年八月十六日、後醍醐天皇が死去すると、その死をとむらう行為も、尊氏らの政権の担うべき役割となった。四十九日にいたる仏事は、催行されたようだが詳細はわからない。百日忌にあたっては、尊氏らの命で、洛中《らくちゅう》等持寺において密教《みっきょう》の儀式である曼荼羅供《まんだらく》▲が、南禅寺《なんぜんじ》では千僧供養《せんそうくよう》が行われている。等持寺はさきにふれたように禅宗寺院であるが、直義邸に隣接して足利氏の持

▼**曼荼羅供**　真言宗で、金剛《こんごう》界・胎蔵《たいぞう》界の両部《りょうぶ》曼荼羅の諸尊を供養する大規模な法会《ほうえ》。空海《くうかい》が始めたとされ、落慶供養や追善供養などに営まれた。

▼**古先印元**　七六ページ参照。

▼**治天**　治天の君。実際に統治する天皇家の人をさす。院政《いんせい》が行われる時期はその上皇(院)をさし、天皇みずから親政《しんせい》を行う時期はその天皇をさす。

夢窓疎石像(妙智院《みょうちいん》)

光厳法皇像(常照皇寺《じょうしょうこうじ》)

仏堂といった位置付けにあり、各種祈禱も行われていた。

　仏事と並行して、後醍醐天皇の菩提《ぼだい》をとむらうためのあらたな寺院の建立も進められた。天龍寺である。寺地となったのは洛西《らくせい》の亀山殿《かめやまどの》で、亀山殿は後嵯《ごさ》峨《が》天皇が造営した別邸であり、後醍醐天皇の管理下にあった。宗派は禅宗《ぜんしゅう》とし、開山《かいさん》に夢窓疎石を請じた。夢窓は、北条氏・後醍醐天皇・北朝天皇・足利氏と、権力者に帰依《きえ》された禅僧である。『太平記《たいへいき》』では、夢窓が直義に寺院建立を勧めたとされるが、夢窓は建立の表舞台に立とうとはせず、たとえば建立の大勧進は古先印元《こせんいんげん》▲がつとめている。また、亀山殿にあった多宝院《たほういん》を修復して後醍醐天皇の廟所《びょうしょ》とし、天皇の霊をまつっている。

　後醍醐天皇ゆかりの地に、天皇ゆかりの禅僧を招じて行う寺院建立は、形のうえでは、治天《ちてん》▲である北朝の光厳《こうごん》上皇がさきの治天である後醍醐天皇のために行う事業であった。しかし、四十九日にあたる十月五日に、光厳上皇が尊氏に対して造進を命じているように、実質は尊氏・直義ら武家が担った。造営の費用にあてるため寄進される所領として第一にあがった日向《ひゅうが》国国富庄《くにとみのしょう》は、後醍醐天皇が尊氏にあたえた恩賞地《おんしょうち》のうち収入の多い庄園《しょうえん》であった。また元《げん》に天

▼**延暦寺**　比叡山《ひえいざん》にある天台宗《てんだいしゅう》寺院。最澄《さいちょう》の開創で、山門《さんもん》と称される。中世でも絶大な権力を誇り、京都の経済も掌握していた。南北朝期、禅宗の勢力拡大に強い抵抗を示し、南禅寺山門破却なども行っている。

龍寺船を遣わして造営費用を確保したことはよく知られているが、北朝内で派遣に慎重な意見の多いなか、直義など武家の主導によって派遣は決定されている。

しかし、政情不安定ななかでの武家主導の寺院建立には、さまざまな反対があった。当初、寺名は暦応寺《りゃくおうじ》(暦応資聖禅寺《ししょうぜんじ》)とされていたが、途中で天龍寺(天龍資聖禅寺)に改められている。一因として、年号を寺号とするのは延暦寺《えんりゃくじ》▲など限られた寺院にのみ許されるという反対が強かったと推測されている。禅宗寺院であったために、旧仏教勢力、とくに延暦寺はその建立に対して強力に反対した。一三四五(貞和元)年八月の落慶《らっけい》供養には光厳上皇が臨席する予定であったが、延暦寺の強訴《ごうそ》により、臨幸《りんこう》は中止に追い込まれている。尊氏ら武家政権にとって、このような反対を押し切ってなお、後醍醐天皇の菩提をとむらう禅宗寺院を郊外とはいえ京都に建立することに成功したのは、政権の実力と正統性を示す格好の機会となった。天龍寺完成ののち、後醍醐天皇の年忌仏事は、天龍寺で催行されている。

『太平記』は、天龍寺造営について巻二十五で叙述している。鎌倉時代末期から南北朝時代を扱ったこの軍記《ぐんき》物語は、数度にわたる増補・書継ぎをへて、現在読む形になったと考えられており、初期の編集には直義と周辺の人びとがかかわっている。そして、直義がかかわっていた時期のどこかで、巻二十五、つまり後醍醐天皇の菩提をとむらう寺院建立をもって完結していた段階があっただろうという見解が有力となっている。この段階の『太平記』全体が「後醍醐天皇の物語」として構想され、後醍醐天皇の鎮魂を目的として作成されたと理解するのである。この見解に従い、またその成立に直義らがかかわっている点に留意すると、足利氏を中心とする政権にとって、後醍醐天皇の菩提をとむらい霊を鎮めることが、いかに大きな関心事であったか、窺い知ることができよう。

頼朝の後継者尊氏

さきに、政権継承者としての正統性の根拠を三点あげた（一六ページ）。このうち、(1)の尊氏および足利氏嫡流が源氏の正嫡であり、さらには鎌倉幕府将軍の後継者と認められることには、尊氏個人の位置付けという要素と、足利氏の家の位置付けという要素が、不可分に渾然としている。尊氏個人の場合、ならうべき存在は、鎌倉幕府創始者である源頼朝である。ここでは、尊氏と頼朝という視点から政権継承者の正統性の問題を考えてみたい。尊氏を語る際に頼朝の存在はつねに意識され、尊氏は頼朝の正統な後継者である、という評価を確立するのに腐心している。そのようすはさまざまな場面に垣間みえるが、具体的事例を、西山美香氏などの先行研究からいくつか紹介しよう。

天龍寺は、さきにみたように後醍醐天皇をとむらうために建立された寺院で、一三四五(貞和元)年八月に落慶供養が挙行されている。その儀式は、一一九五(建久《けんきゅう》六)年、源頼朝の参加した東大寺《とうだいじ》供養を模したとされる。平氏《へいし》による焼討ちのあと、東大寺大仏《だいぶつ》を再建する事業は、朝廷ばかりでなく武家政権も参加して進められた。完成を受けての落慶供養に、頼朝は上洛《じょうらく》して参加する。衆目のなかで開催される儀式は、頼朝にとって、仏法を擁護し、朝廷とともに社会の秩序を安定させる立場に立つことを明示する格好の機会となった。天龍寺の落慶供養にあたり、東大寺供養を参照したのは、単に武家が参加した先例としてだけではなく、天龍寺供養に参加する尊氏を東大寺供養の頼朝に比するため、尊氏を頼朝に准《なぞら》えるためだったと考えられる。

八坂塔(京都市)

同様の寺院の供養として、京都八坂《やさか》にある法観寺《ほうかんじ》の塔《とう》供養があげられる。尊氏・直義は、法観寺に仏舎利《ぶっしゃり》二顆《か》と塔修造のための費用にあてる所領を寄進し、修造なって、一三四二(康永《こうえい》元)年に供養が行われている。後述するように、尊氏・直義は、全国六六カ国に安国寺《あんこくじ》・利生塔《りしょうとう》を設置したが、法観寺の塔は、山城《やましろ》国の利生塔と認定され、いわば公的な位置付けをあたえられている。一方、尊氏の娘了清《りょうせい》が幼くして亡くなったのち、その追善のため法観寺に所領が寄進されており、法観寺と尊氏とのあいだには私的な結び付きもみられる。

塔供養の文章などには、一一九二(建久三)年、頼朝は法観寺塔を再建したと記され、頼朝の意志を継ぐものとして尊氏らによる修造を位置づけようとする意図がうかがえる。尊氏らが公私ともに法観寺塔に注力したのは、頼朝が関与したという先例があったからといえよう。さらに、鎌倉後期に行われた再建には、さきにみた、北条貞時夫人の覚海円成が大きく寄与しており、尊氏らの修造には、北条氏の遺業を継ぐという意味合いもあわせもっていた。なお、法観寺塔は、のち一四四〇(永享《えいきょう》十二)年に、将軍義教《よしのり》によって再建され、現在見る八坂塔は、この時建立されたものである。

銭弘俶《せんこうしゅく》八万四千塔

▼**アショカ王**　紀元前三世紀、古代インドのマウリヤ朝三代の王。阿育王《あいくおう》。仏教による統治を行った。石柱や岩壁にきざまれた碑文は、仏教資料として貴重である。

▼**呉越王**　呉越国は、十世紀、中国五代の地方政権。仏教が盛んで、第五代銭弘俶は八万四千塔を造立した。入唐《にっとう》僧日延《にちえん》による請来品や出土品など、数例が日本に伝存する。

法観寺という個別事例に限らず、利生塔の設定そのものも、頼朝をはじめとする鎌倉幕府将軍の事業を受け継ぐ一面を有していた。各国に舎利をおさめた利生塔を設置するという尊氏・直義の構想は、インドのアショカ王▲が、シャカの舎利をおさめた八万四〇〇〇の塔をつくって各地に分配したことを一つの先例としている。中国では呉越王《ごえつおう》▲や宋朝《そうちょう》皇帝らもそれにならって八万四千塔を造立し、日本では、鎌倉時代には、頼朝をはじめとする源氏三代将軍や摂家《せっけ》将軍・親王将軍によって、八万四千塔供養がなされている。利生塔の設置には、鎌倉幕府将軍の事業を継承する意志があったと考えられるだろう。

さて、足利歴代将軍の絵画コレクションのなかに、「泰衡征伐絵《やすひらせいばつえ》」と呼ばれる一〇巻の絵巻物《えまきもの》があった。義経《よしつね》の滅亡と頼朝による奥州《おうしゅう》藤原泰衡に対する戦争を描いたと推定される。この事実を掘り起こした高岸輝氏は、尊氏が晩年に製作を企図したと推測したうえで、源氏将軍の正統に連なることを宣言する絵巻として位置づけている。頼朝の後継者としての立場を確立するため、頼朝を描いた絵巻を製作して顕彰したと考えてまちがいないだろう。

このほかにも、尊氏を頼朝と比べた逸話として、頼朝は巳《み》の年生まれで、一

▼**粉河寺**　和歌山県紀《き》の川《かわ》市に所在。平安《へいあん》時代より観音霊場《れいじょう》として知られ、足利氏も保護した。清子と尊氏の記事は、一四五二（享《きょう》徳《とく》元）年に伏見宮貞成《ふしみのみやさだふさ》親王が書写した「粉河寺続験記《しょくげんき》」にみえる。

粉河寺（和歌山県紀の川市）

一八〇（治承《じしょう》四）年子《ね》の年に三二歳で将軍となった、尊氏も巳の年生まれで、一三三六（建武三）年子の年に同じく三二歳で政権を掌握した、という話も伝えられる。頼朝に関しては事実と異なるのだが、逸話の典拠は、一三三六年、尊氏の母上杉清子《うえすぎせいし》が紀伊粉河寺《きいこかわでら》▲に戸帳《こちょう》を奉納した際の文章である。清子は、粉河観音《かんのん》の霊験《れいげん》によって尊氏・直義の男子を授かったとされ、その感謝をあらわすための奉納であった。清子の文章を含めて一まとまりの史料が残されているものの、清子の文章は、はたして一三三六年当時に作成されたものかどうか、なお慎重な検討を要する。たとえ後世の作文だったとしても、十五世紀半ばには、清子の文章を含む一まとまりの史料は書写されており、尊氏没後一〇〇年はくだらない時期に作成されたことになる。十五世紀半ばまでの頃、尊氏の時代には尊氏を頼朝に准えようとしていた、という認識があったからこそ、このような文章が成立したことになるだろう。

　南北朝期を描く軍記物語は、いずれも足利氏をいただく勝者となった集団の立場に立っている。とりわけ『梅松論《ばいしょうろん》』はその傾向が顕著で、尊氏周辺で作成されたとみなされている。そのため、『梅松論』の叙述には、頼朝を尊氏の先駆者として位置づけようとする意識が強く、時には、頼朝、あるいは尊氏にかかわる事実に脚色を加え、両者の相似を強調していることが明らかになっている。ところが、『梅松論』は最後にいたって、頼朝を批判の対象とすることが注目されている。頼朝は「罰ノカラキ」ゆえに、仁徳《じんとく》に欠け、周囲の疑心を生んだとするのである。尊氏とその支持集団にとって、頼朝は二義的な存在であった。源氏嫡流として将軍となり、幕府を開設した点では、尊氏をその後継者として位置づけるべきであるが、その位置付けが成功したならば、血筋が三代でたえ、幕府も崩壊したという点を、乗り越える必要が生ずる。叙述の一貫性を求められる軍記物で、最後に頼朝批判がなされるのは、ある意味では自然な流れといえるだろう。

足利氏の優位性

つぎに尊氏と頼朝の対比から離れて、政権継承者としての正統性についてさらにみていこう。ここでは、足利という家に視点を移し、足利家が源氏の正嫡の家であり、武家の棟梁としてふさわしい家だという認識を確立するようすを

▼**今川了俊**　一三二六〜?。俗名貞世《さだよ》。足利氏一族として引付頭人《ひきつけとうにん》など要職をへて、一三七一(応安《おうあん》四)年に九州探題として下向した。九州の南朝勢力を削減したが、南九州経営は成功せず、一三九五(応永二)年罷免、反幕府の疑いをかけられる。武家歌人としても著名。

▼**『難太平記』**　一四〇二(応永九)年成立。今川了俊晩年の著。他書に類のない記述が多いうえ、了俊の思想を知りうるなど、情報量は豊富である。四一・六四ページ参照。

▼**高師秋**　生没年未詳。高師直の従兄弟。伊勢《いせ》国守護《しゅご》の所見もある。観応の擾乱でも子息とともに直義方についている。室は直義の執事格である上杉重能《しげよし》の妹という。

検討する。

足利家の正統性を検討する場合、はずせないのは尊氏の祖父家時《いえとき》の置文《おきぶみ》である。その内容は、南北朝合一《ごういつ》後の十五世紀初頭、今川了俊《いまがわりょうしゅん》▲がその晩年に記した史料に見える。

A：八幡太郎義家《はちまんたろうよしいえ》の置文に、七代後に生まれ変わって天下をとるとあった。七代後にあたる足利家時は、八幡大菩薩《だいぼさつ》に、三代のうちに天下をとらしめ給えと祈って切腹し、「御自筆の御置文」を残した。尊氏・直義の前で、父今川範国《のりくに》や自分（了俊）も実際にその置文を見た。（『難太平記《なんたいへいき》』▲）

これにかかわる史料は三点知られる。

B：足利直義が高師秋《こうのもろあき》▲に宛てた書。家時終焉の時に高師氏《もろうじ》（師秋祖父）に遣わした「御書」を見て感激した。直義のもとに召しおき、師秋には案文《あんもん》▲を渡す。（醍醐寺文書《だいごじもんじょ》▲）

C：一四二一（応永《おうえい》二十八）年、醍醐寺三宝院満済《さんぼういんまんさい》▲の覚書《おぼえがき》。家時の「御自筆御書」と直義の書などを将軍義持《よしもち》から拝領した。（醍醐寺文書）

D：一四五九（長禄《ちょうろく》三）年、高師長《もろなが》が幕府に提出した申状。師長の曽祖父師英《もろひで》

▼**案文**　学術用語として、文書正本を正文《しょうもん》と呼び、正文を書写したもののうち、正文に準ずる効力を期待されているものを案文と称する。時代をへての書写など、効力をもたないものは写と呼んで区別する。

▼**醍醐寺文書**　醍醐寺（京都市伏見区）の所有する文書・聖教《しょうぎょう》の総称で、三宝院など各院家に伝来した。現在八〇〇函を数え、大部分は国宝。『大日本古文書』での翻刻や目録の刊行が進んでいる。

▼**満済**　一三七八～一四三五。真言宗僧。醍醐寺三宝院を拠点とした。足利義満の猶子となり、真言宗界の中心となるうえに、とくに義持晩年から義教の時期に政治顧問として活躍した。『満済准后《じゅごう》日記《にっき》』は当代の根本史料である。

▼**蜷川家文書**　室町幕府の政《まん》所《どころ》代《だい》蜷川氏伝来の文書群。蜷川氏は政所執事で足利根本被官《こんぽん》の伊勢氏の被官。蜷川氏歴代が残した日記とともに、室町幕府研究の基本史料である。国立公文書館所蔵。『大日本古文書』で刊行。

（Bの師秋の孫）は、将軍義満《よしみつ》に、家時の「御置文」を進上し、義満は感激して御書をくだした。（蜷川《にながわ》家文書▲）

A・Dの家時の「御置文」とB・Cの家時の「御書」は、同一のものであるか確証はないけれども、Bの師秋の子孫がDの師長であるという関連から、同一のものとみなされている。流れを整理しよう。直義は、家時置文を高師秋から見せられ、手許に取りおき、案文を師秋に渡した（B）。義満は、家時置文を高師英から見せられた（D）。これは直義が高師秋に渡した案文にあたるだろう。義持は、手許にあった家時自筆置文と直義書状を満済に託した（C）。

義持の所持した家時置文は、自筆とあるのを信ずると、直義の取りおいたものとなる。ただし、尊氏・直義の政争をへて足利家に伝わったとは考えがたく、義満が見せられた際に取りおいたものとするのが自然かもしれない。その場合は、義満が見たのは案文であろうから、義持が自筆とするのは誤りとみなすことになる。もう一点、義持が所持した直義書状は、醍醐寺に伝来するBそのものである可能性が高い。高師秋に宛てられた直義書状が義持の手許にあるのは、義満が置文とともに手許に取りおいたためと考えるのが妥当であろう。

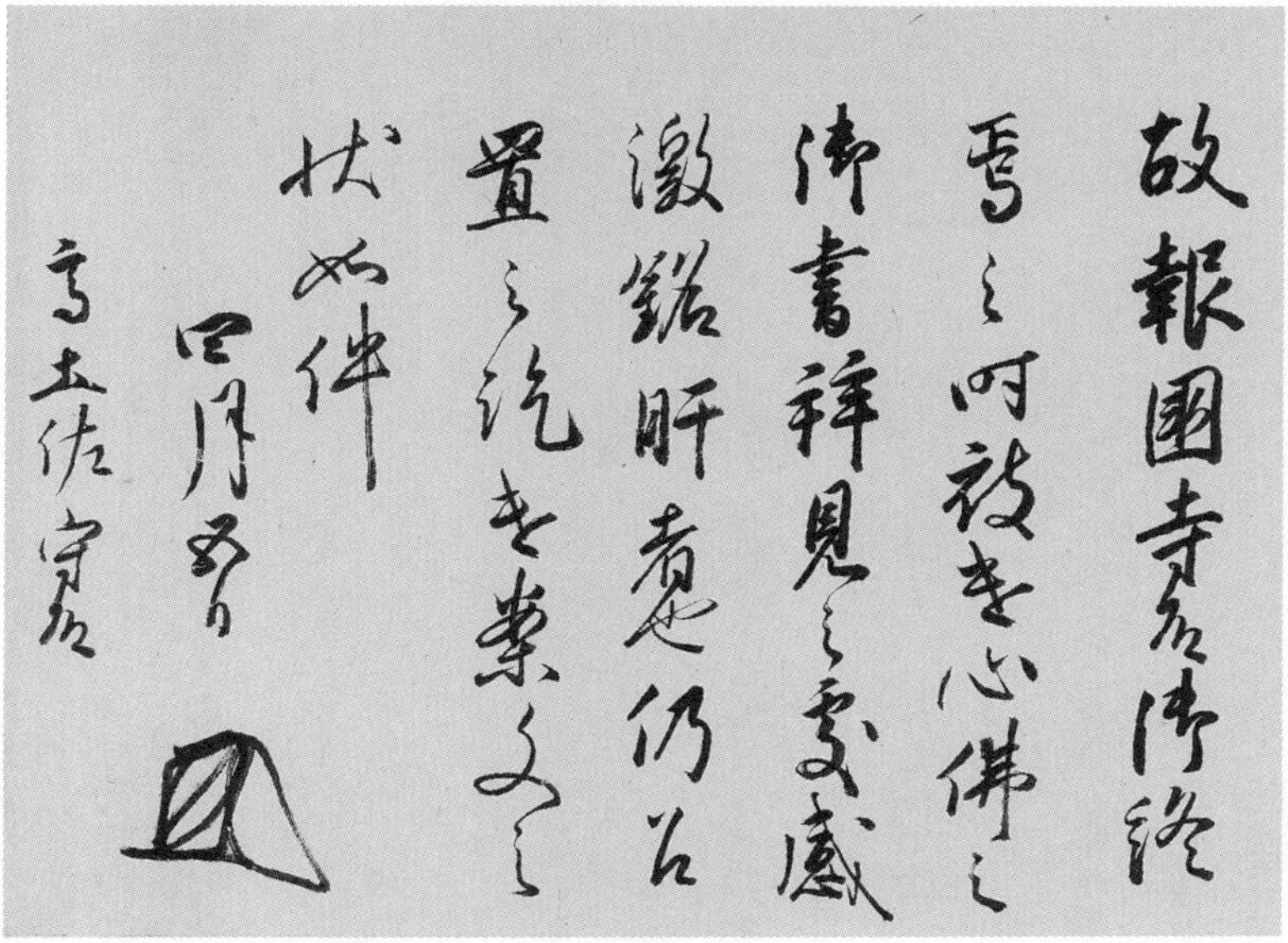

B　**足利直義書状**（醍醐寺文書）

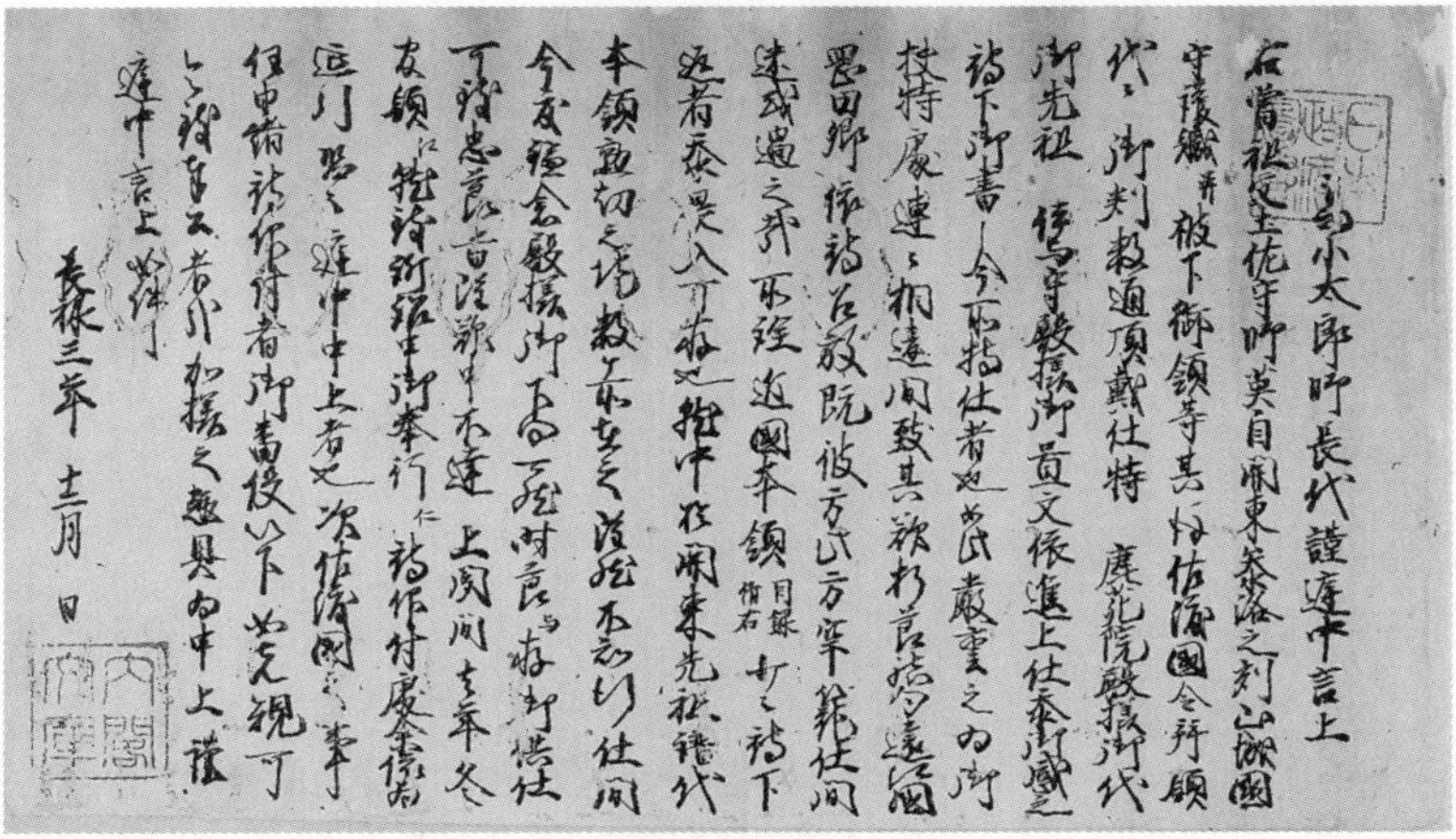

D　**高師長代庭中申状案**（蜷川家文書）

これら一連の史料から次のことがわかる。まずA・Bから、尊氏・直義の周辺で家時の置文が認知されていたこと。家時の三代あとは、尊氏・直義にあたる。家時の命と引換えに、八幡大菩薩が尊氏らの政権奪取を擁護している、という意識は、尊氏らを擁する集団にとって心強い支えとなったであろう。しかもさかのぼれば義家の意志に由来するのであり、源氏嫡流を支えるという、集団にとって行動の正統性の根拠ともなっている。

しかし一方で、Bから、家時の置文は、師秋から直義に進覧されたのち、尊氏らにも知られるようになったと想定され、直義・高師秋が関与することに留意が必要である。家時が置文を遣わした高師氏は高氏嫡流である。直義の時期、高氏の嫡流は師直とみなされるものの、嫡流に伝来すべき家時置文は師秋が保持していた。師秋は高氏のなかでも数少ない直義派であり、師直らと師秋のあいだには、尊氏・直義を背景にした高氏内部での主導権争いがあったと想定される。家時置文は、高氏内部での主導権争いのなか、師秋・直義によって発見されたともいいうる。すると、家時の置文ははたして事実なのかどうか、直義・師秋の周辺で創作されたものではないか、という疑問まで生ずる。真偽に検討の余地は残すけれども、家時置文は、尊氏・直義の時期に、両者の正統性を裏づけるという役割を果たし、支持する集団にも、敵対勢力にも、大きな宣伝効果をもたらしたことは疑いない。

源氏の嫡流としての足利家という視点からは、ほかにも興味深い事実が指摘されている。本郷和人氏の理解に従って『源威集《げんいしゅう》』を紹介しよう。『源威集』は、南北朝末期、いまだ軍事的緊張のなかにおかれていた東国武士の手により成立した書で、作者について見解が分かれるものの、結城直光《ゆうきなおみつ》とする説が有力である。内容は、前九年《ぜんくねん》・後三年《ごさんねん》の役《えき》、頼朝の奥州藤原氏攻撃および上洛、また尊氏の軍事行動の一端などについて、問答の形式をとりながら説明している。武士が配下の家中《かちゅう》に対し、家の存続のためにあるべき姿を説いた書とされる。その論理展開は、源氏は奥州への軍事行動を通じて武家の棟梁となった↓頼朝の後継者は尊氏であり、いま源氏の正統は足利氏である↓足利氏こそが武家の棟梁にふさわしく、家中は足利氏に従うべきである、と整理され、さらに、足利氏こそ武家の棟梁という見解は、尊氏とその支持者の主張を取り入れたと推定されている。この事例から、尊氏を頼朝に比することも含めて、足利氏が源氏の正嫡であり、武家政権の継承者としてふさわしい、という理解は、南北朝末期には、受け入れざるをえないものとして、広く共有されるにいたったことがうかがわれる。

『源威集』では、後三年の役を語るなかで、新羅《しんら》三郎《さぶろう》義光《よしみつ》(八幡太郎義家の弟)と楽器の笙《しょう》にかかわるエピソード▲を伝える。楽器の演奏には、雅楽《ががく》を家業とする公家から技術そのほかを習得することが必要となる。技の継承関係を系図として示した笙の相伝系図のうち室町期成立のものをみると、河内《かわち》源氏ではじめて載るのは、義家・義光の父頼義《よりよし》である。そして足利氏ではじめて載るのは尊氏であり、笙の習得は、足利氏にとって、頼義・義光らの跡を継ぐ、つまり源氏嫡流を継承するという意識と深く結びついていた。『源威集』においても、義光と笙の逸話の次に、尊氏子息基氏《もとうじ》▲(鎌倉公方)と笙にかかわるエピソードが載せられ、笙を通じて基氏は義光に比され、足利氏を源氏嫡流に位置づける演出の一つとなっている。笙の事例は、頼朝を介さない点で、家時置文と共通する一面をもっている。

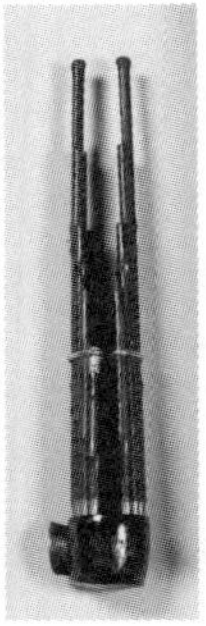

笙

▼義光と笙　『源威集』では、後三年の役で奥州に下向する義光に従った若男は、実は楽《がく》の家豊原《とよはら》氏の某であり、義光はその労に応えて、某の父から伝授された秘曲「陵王荒序」を某に授けたというもの。諸書に見えるが細部は異なる。

▼足利基氏　一三四〇〜六七。尊氏の子。一三四九(貞和五)年、兄義詮と交代して鎌倉に下向した。直義死去後、下向した尊氏とともに、ついで自身で対立者を退けて関東統治を進め、一方で将軍義詮との関係に意を払った。初代鎌倉公方。『源威集』では、基氏は荒序を伝授され、一三六三(貞治《じょうじ》二)年、戦場で荒序を練習して勝利をえたとする。

神仏の付託

これまで、尊氏および足利氏は政権継承者として正統である、と主張するようすをみてきた。先行した政権担当者たちを追善する立場にいる、尊氏は頼朝の後継者である、足利家は源氏の正嫡である、これらの主張の背後には神仏が見え隠れする。頼朝と対比されたのは、天龍寺や法観寺の供養、また粉河観音への祈謝《きしゃ》という場であった。家時の置文も八幡大菩薩の加護《かご》を期待している。追善仏事もまた、仏の前で執行される儀式となる。政権継承者としての正統性は、神仏の保障のもとに、人びとに広く受け入れられたのである。

今川了俊は、『難太平記』のなかで、家時の置文だけでなく、足利家にかかわる多様な伝承を記し、尊氏らが生まれた時の逸話もある。尊氏が産湯をつかった時、山鳩が二羽飛んできて、一羽は左の肩先に、一羽は柄杓の柄に止まった、直義の時も二羽飛んできて柄杓の柄と湯桶に止まった、この逸話は北条氏の政権のもとでは公にされなかった、というもの。鳩は八幡大菩薩の使いとされ、誕生した幼子ふたりとも、八幡大菩薩の加護を受けている、という主張が込められている。

さて、不慮の死をとげた権力者は、後世、怨霊として畏怖の対象となるのが常であり、承久《じょうきゅう》の乱《らん》で配流《はいる》された後《ご》鳥《と》羽《ば》上皇《じょうこう》▲もその一人となる。一三三九（暦応二）年七月、上皇の霊の託宣《たくせん》があった、と伝える史料がある。託宣では、北条氏の滅亡、後醍醐天皇の京都退去は、いずれも上皇の霊魂への尊崇を欠いたためとし、一方、足利氏の義氏《よしうじ》は、後鳥羽上皇の御所水無瀬殿《みなせどの》の敷地に設定された地頭職《じとうしき》を辞退するという功績を残したため、いま足利氏に政権を授けている、という。義氏の行為は今に伝わる義氏の書状写《うつし》にも記載されているが、直義はその義氏書状を「一見」している（直義の書状原本が水無瀬神宮に伝わっている）。義氏の功績に言及するこの託宣は、後世に作成されたのではなく、尊氏・直義の時代に存在していた可能性が高い。直義はさらに、後鳥羽上皇をまつる場となった水無瀬殿に、みずからの子どもが無事生まれてくるようにと願文をささげ、そののち尊氏をはじめ歴代将軍は、さまざまな契機から水無瀬殿に願文をささげている。

この託宣には、背後に水無瀬の地に禅宗寺院を建立しようとする意図があったと分析されている。建立を意図した側は、尊氏らに受け入れられるために、

▼**後鳥羽上皇**　一一八〇〜一二三九。一一八三（寿永《じゅえい》二）年、安徳《あんとく》天皇の西走ののち天皇となり、一一九八（建久《けんきゅう》九）年に退位して院政をしいた。将軍実朝の没後に倒幕に傾き、一二二一（承久三）年挙兵したが敗れ（承久の乱）、配流先の隠岐《おき》で死去した。

水無瀬神宮（大阪府島本《しまもと》町）

義氏の行為を根拠として、後鳥羽上皇の霊が尊氏らを擁護している、という主張を展開したのであろう。一方、尊氏・直義も、みずからの権威の保証の一つとして後鳥羽上皇の霊の擁護を積極的に受け入れたのである。なお、直義の「一見」という行為は、家時置文に対するのと同じ行為となっており、とくに直義の場合、足利氏先祖の行跡のうえにいまの足利氏の権威の根拠をみいだそうという意図が顕著だったと思われる。

③—政策とそれぞれの個性

評定・引付

尊氏・直義は、戦争状態が継続するなか、あらたな政権としてどのような体制を組み、そのうえでどのような政策を掲げたのだろうか。前政権からの継承という側面、あらたな創出という側面、さまざまな見地からの分析が必要となるが、ここでは一例として、体制として評定《ひょうじょう》・引付《ひきつけ》といった幕府《ばくふ》の組織、政策として安国寺《あんこくじ》・利生塔《りしょうとう》の設置の二つを取り上げたい。いずれも、室町《むろまち》幕府の体制・政策として、この時期を代表するものとみなされるからである。

鎌倉《かまくら》幕府は、源氏《げんじ》三代将軍が滅んだのち、執権北条氏《しっけんほうじょうし》を中心とする集団指導体制をとる。評定は、有力御家人《ごけにん》の参加する評議の場で、執権が主導した。政策の決定から訴訟の審議まで行い、集団指導体制の象徴である。のちに下部組織として引付▲をおく。鎌倉幕府も時代をへるにつれて、北条氏家督《かとく》である得《とく》宗《そう》に中心が移り、得宗を中心とする会議体が実権をもつにいたる。執権も得宗から離れ、評定の形式化が進む。

▼**引付**　相互対照するという原義で、組織名から手控えの記録まで、幅広く使用される言葉。鎌倉幕府は、評定審議の迅速化のため一二四九(建長《けんちょう》元)年に引付を設置した。三〜七の会議体で構成され、順次担当して評定に上申した。

室町幕府も踏襲して評定を設置した。下部に引付がおかれるなど、基本的には鎌倉幕府の組織を継承している。主導したのは尊氏ではなく直義である。直義の立場は、評定の主催者という点で執権と同じである。ただし、執権は、御家人の代表として評定を運営する、という立場であるのに対し、直義は将軍の弟として、将軍の代行として評定を主導する、という大きな違いもある。それでも、鎌倉幕府のもと形骸化していた評定はふたたび幕府運営の中心に戻ったのであり、得宗・執権という二重体制は解消され、評定は復権をみたことになる。

評定の機能の一つである訴訟の審議・採決について、やや特殊な二つの要素を取り上げて両幕府を比べてみよう。一つは、直訴《じきそ》。執権や直義に直接訴えるしかけ。鎌倉幕府では庭中《ていちゅう》▲という制度が知られている。庭中そのものはまさに直訴を意味する言葉だが、鎌倉幕府の制度では、庭中は、訴訟進行の担当者に問題がある時、評定・引付などの会議体の場で直接主張する、という制度をさし、単純な直訴とはやや異なる。執権に直接に訴える仕組みとしては、内訴《ないそ》▲などと呼ばれているものが該当するようだ。一方、直義は積極的に評定での

▼**庭中**　原義は庭から口頭で直接訴えること。仲介者を介するのが通常のところ、仲介者を省くことを庭中という。ゆえに仲介者の過誤を内容とする場合が多い。鎌倉幕府では、評定や引付の場で直接主張する制度となっている。

▼**内訴**　内訴の相手は、執権・連署《れんしょ》・六波羅探題《ろくはらたんだい》で、庭中の制度よりも直訴の要素が強い。このほか、鎌倉幕府では、評定や再審を扱う越訴《おっそ》などで結論が出ない案件を嘆願する奏事《そうじ》という制度もあるが、直訴としての位置付けは不明。

判断にかかわろうとする傾向を強めていく。その目的を果たすために、直義に直接訴える窓口を整備し、簡単な審議も行えるようにした。その一つは内奏方《ないそうかた》と呼ばれる。内奏方などは、評定を前提とした組織であり、その点、得宗を中心とする会議体とは性格が異なる。庭中の制度も存在したと思われるがあまり明瞭ではない。

もう一つは、寺社が出訴した場合の扱い。鎌倉幕府では、寺社沙汰《さた》という仕組みが設けられていた。詳細は明らかになっていないが、寺社が幕府に出訴する際の窓口となり、審議結果は評定に上程されたと想像される。直義の評定では、禅宗《ぜんしゅう》・律宗《りっしゅう》寺院の訴訟を扱う禅律方《ぜんりつかた》という組織が設けられ、その審議をへて評定が行われている。鎌倉幕府と同様に、寺社方という組織も存在したようだが、こちらも解明されていない。

このように、直義の評定は、鎌倉幕府の評定と細部では大きな違いがあり、異なる特質をもっている。しかし、直訴への対応や寺社対象の組織にみられるように、基本的な枠組みは継承したうえで必要な改変を行っているのであり、継続性には十分に留意する必要があるだろう。

鎌倉幕府の評定は、将軍のもつ基本的な役割は担えなかった。将軍―御家人のあいだの御恩《ごおん》―奉公《ほうこう》の関係を支える、恩賞《おんしょう》をあたえる役割は、将軍固有のものとして、将軍が担うのが基本であった。直義もまた同様である。恩賞をあたえる権限は尊氏が担い、恩賞を審議する恩賞方という組織も設けられていた。恩賞方は尊氏や執事《しつじ》▲高師直《こうのもろなお》らによって構成された。

安国寺・利生塔

安国寺・利生塔とは、日本全国六六国二島に、一寺一塔を設けようとする企図である。幕府開設まもなく計画されたようで、直義が表面に立つものの、尊氏・直義が共同して推進した。一三四四(康永《こうえい》三)年に北朝《ほくちょう》天皇に奏請して、各国の一寺一塔に安国寺・利生塔という名称があたえられた。さきにふれた天《てん》龍寺《りゅうじ》造営と同様に夢窓疎石《むそうそせき》の影響を受けた施策とされる。

利生塔は五重や三重の塔で、あらたに建立《こんりゅう》されたもの、既存の塔に修造を加えたもの、両様だったらしい。五重塔などは、本来は仏舎利《ぶっしゃり》をおさめる舎利塔である。直義は、各国の利生塔となる塔に仏舎利二顆《か》を寄進しており、修造の

▼**執事**　南北朝期の室町幕府では、将軍を補佐する要職をさし、初め足利家家宰《かさい》から転化した高師直が在職した。高一族滅亡後は、足利一門が任じられ、しだいに守護統括など任務が拡大して、義満期には管領《かんれい》と呼ばれるようになる。

金銅密観宝珠形舎利容器（浄土寺）

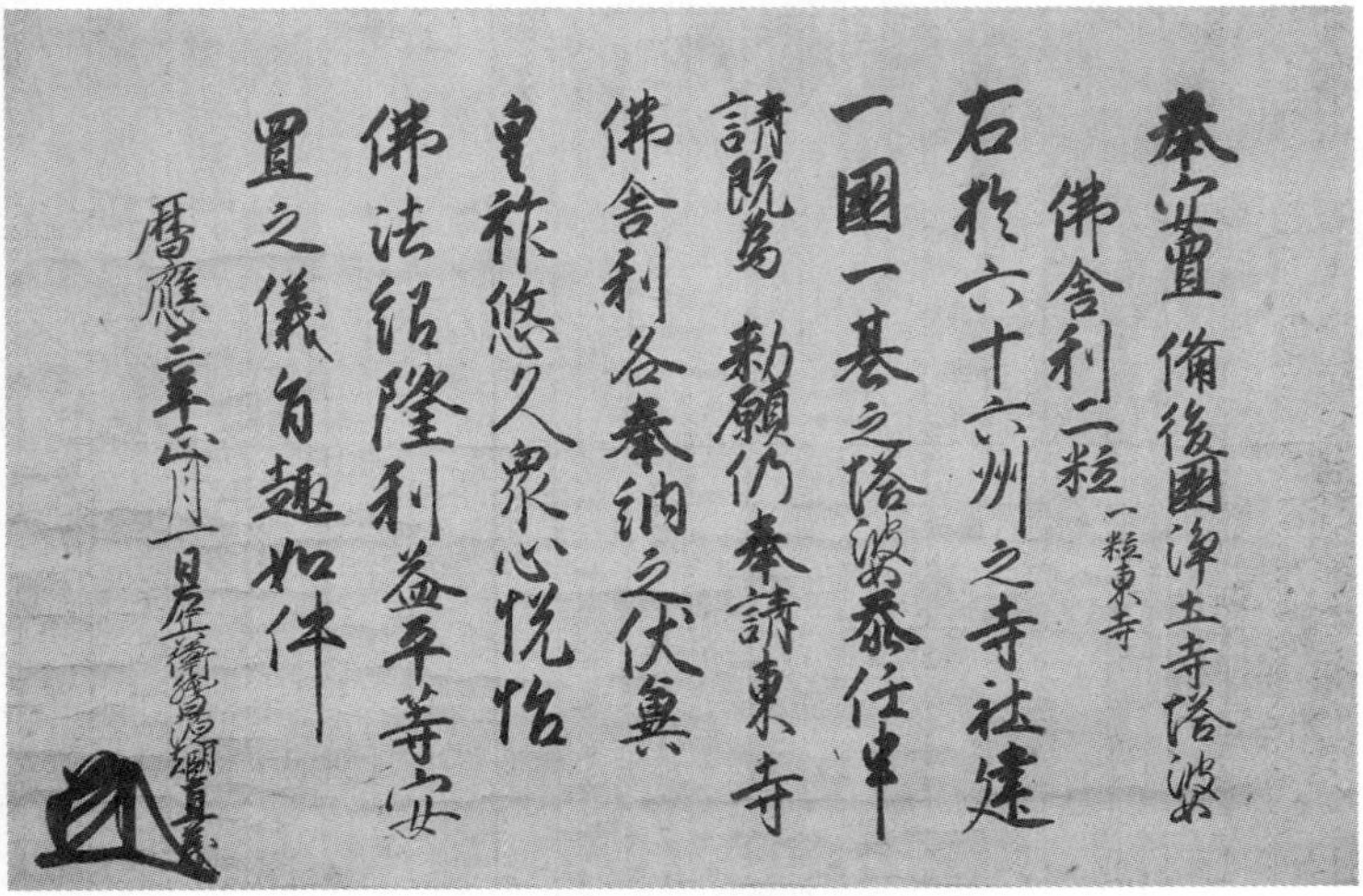

奉安置 備後國浄土寺塔婆
佛舎利二粒 一粒東寺
右於六十六州之寺社建
一國一基之塔婆恭任申
請既爲 勅願仍奉請東寺
佛舎利各奉納之伏冀
皇祚悠久衆心悦怡
佛法紹隆利益平等安
置之儀旨趣如件
暦應三年六月一日左兵衛督源朝臣直義

足利直義仏舎利安置状（浄土寺文書）

場合でも、舎利塔として再生されたことになる。もちろん、塔を建立・修造するための経済的基盤として所領《しょりょう》の寄付も行われた。

仏教を信奉する国々では、仏舎利を管理し、多くの舎利塔をつくって舎利を配布することは、統治する者の備えるべき要件とみなされていたらしい。インドのアショカ王を先蹤とする八万四千塔については先述したが（三二ページ）、中国では隋文帝《ずいぶんてい》▲は全国一一〇余カ所に舎利塔を建立したなどの事例もある。三代将軍実朝《さねとも》は宋《そう》から舎利を請来し、北条得宗家は保持につとめたが、尊氏・直義にいたって、全国に舎利塔を造立するという計画に発展したのである。

残念ながら、当時の利生塔として現存しているものはない。山城国《やましろのくに》利生塔は、法観寺《ほうかんじ》に設けられ、先述したように八坂の塔として知られる五重塔に継承されている。法観寺の塔は、源頼朝《みなもとのよりとも》、さらには北条得宗家によって再建されたため、尊氏・直義にとって法観寺の塔の再興は、継承者としての立場を顕示する意味をもっており、幕府を構える京都の寺塔だけにその意義はさらに増す。山城国利生塔と位置づけられたのも頷けよう。

法観寺は禅宗寺院であるが、利生塔のおかれた寺院は、真言宗《しんごんしゅう》をはじめとし

▼**文帝**　五四一〜六〇四。隋初代皇帝、楊堅《ようけん》。仏教治国策をとり、最晩年の仁寿《じんじゅ》年間（六〇一〜六〇四）に、アショカ王の事績にならって、三回に分けて国内各州に舎利塔を建立させた。

て多様な宗派となっている。足利氏を奉ずる武家と縁ある、各国の有力寺院に設置されたのであろう。

一方、安国寺は、禅宗寺院、とくにいわゆる五山派《ござんは》の寺院である。各国において守護《しゅご》と関わりのある禅宗寺院が安国寺と認定されて改称していった。こちらでも所領の寄進はなされており、造営も進められただろう。類例として、奈良時代に各国に設けられた国分寺《こくぶんじ》が想起される。一方で中国に北宋《ほくそう》の徽宗《きそう》によって各州に建立された天寧禅寺《てんねいぜんじ》などの事例があり、その影響を強く受けていることは疑いない。

山城安国寺は、大同妙喆《だいどうみょうてつ》を開山《かいさん》とし、最初は北禅寺《ほくぜんじ》と称していた。無徳至《むとくし》孝《こう》が中興《ちゅうこう》し、安国寺と改称、時の檀那《だんな》は細川顕氏《ほそかわあきうじ》▲である。細川顕氏は、尊氏・直義を支えた有力武将で、侍所頭人《さむらいどころとうにん》▲として京都の守護を担った時期もあり、また『梅松論《ばいしょうろん》』流布本には、甲斐恵林寺《かいえりんじ》▲で夢窓に受衣《じゅえ》▲し、尊氏・直義に夢窓を紹介したという伝承も伝えるなど、夢窓疎石との関わりも深かったようだ。北禅寺の時代の詳細は明らかでないが、おそらくは鎌倉時代末に北条氏関係者によって創建され、北条氏から足利氏へと政権が移るなかで、細川顕氏が檀那と

▼**細川顕氏**　?～一三五二。初め尊氏に従って四国の軍勢を集め、軍功をあげたが、河内《かわち》・和泉《いずみ》国守護を罷免されて直義に接近、観応の擾乱では直義派として活躍するが、直義の京都脱出には従わなかった。

▼**侍所頭人**　侍所は、平安期の摂関家《せっかんけ》から、侍《さむらい》にかかわる家政《かせい》機関としてみえる。室町幕府の侍所は、京都の治安維持を担い、警察から断罪まで行った。南北朝中・後期には山城国守護もかねている。頭人は長官をさす。

▼**恵林寺**　山梨県甲州《こうしゅう》市にある臨済宗寺院。一三三〇(元徳《げんとく》二)年に二階堂貞藤《にかいどうさだふじ》が夢窓疎石を請じて建立した。のち武田《たけだ》氏の保護を受け、妙心《みょうしん》寺《じ》派《は》寺院として発展した。

なり、住持《じゅうじ》に無徳を迎えたのではないかと想像している。初期幕府にとって、京都においてみずからの勢力とかかわる数少ない禅宗寺院の一つであったであろう。

守護に任ぜられた者をはじめ、足利氏を奉ずる武家《ぶけ》にとって、利生塔の設置は、地域に展開する宗教勢力との関わりを深め、安国寺の認定は、みずからとかかわる禅宗寺院の地域における立場を強める、このような期待がこめられていた。室町幕府では、各国におかれた守護に期待される役割が増大し、守護は室町幕府の一翼を担う要素として固定化されていく。安国寺・利生塔の設置は、初期の室町幕府において、守護を中心とする地方統治を安定化させる政策であった。

▼**受衣**　僧の弟子となること。法を伝授された印《しるし》として、師から僧衣を受け、着ることに由来する。伝衣とも。

軍記類にみるふたり

これまで、尊氏・直義の共同統治という見方から、両者によって、室町幕府が何をめざしたかをみてきた。ここで、尊氏・直義それぞれの個性について、考えてみたい。両者を考える材料として、まず思い浮かぶのは、『太平記《たいへいき》』『梅松論』など。これらの軍記《ぐんき》物語は、好適な素材を提供してくれるものの、事後にまとめられた史料であって、まとめた人びとの意向が強く反映されていることに留意する必要がある。『梅松論』は尊氏に近い人びとによって著述されたと推定されており、一方、成立してまもない時期の古態本『太平記』は、直義の周辺で成立したとするのが有力である。ほかには、同時代の人びとが記した日記の類。こちらは同時代に書かれたという点で貴重であるが、同様に書いた人間個人の判断が強く反映している。

まずは軍記物語などから。尊氏の人物像を伝える挿話として、挙兵時の尊氏を描いた印象的なシーンがまず思い浮かぶ。鎌倉にくだって北条時行《ときゆき》の乱《らん》を平定したのち、後醍醐《ごだいご》天皇の意思に反して鎌倉にとどまり、新田義貞《にったよしさだ》軍の追討を受けた際、直義軍が駿河国《するがのくに》手越河原《てごしがわら》で敗れ箱根山《はこねさん》まで退いた時のこと（八ページ年表1）。『梅松論』では、尊氏は、後醍醐天皇の意志に背くのは本意でないとして、政務を直義に譲って鎌倉浄光明寺《じょうこうみょうじ》に潜居していたが、直義軍の危機を知り、直義が落命したら自分だけ生きながらえても無益である、として出陣する。『太平記』では、直義軍の敗績を知って、建長寺《けんちょうじ》で出家しようとすると

▼**上杉重能**　?〜一三四九。直義の執事というべき立場で政権を担った。師直と対立するなか、一三四九(貞和五)年、いったん師直を失脚させたが、まもなく攻守転じて越前国《えちぜんのくに》に配流《はいる》、殺害される。子孫は宅間《たくま》上杉氏と呼ばれる。

ころ、直義や直義側近の上杉重能《うえすぎしげよし》らがはかりごとをめぐらし、尊氏・直義を追討するという後醍醐天皇の偽の綸旨《りんじ》を作成、これをみせられた尊氏は、足利一門の浮沈この時と悟って出陣する。両書でニュアンスは異なるが、当初、尊氏は直義に委任してみずから先頭に立って指揮していなかったことは共通している。

『梅松論』の末尾には、夢窓疎石による尊氏・直義の評価が記され、よく知られている。尊氏は、仁に加えて徳も備え、第一に心強くて戦時に怖畏の気持ちなく、第二に慈悲深くて人を憎まず寛容であり、第三に心広くて物惜しみしない。直義は、身の処し方が廉直で、誠実、うそがない。そのため、尊氏が政道を譲った際も、辞退したものの尊氏の懇望を受け入れて領掌した、その後は尊氏は政務について口出しをしなかった、とあり、時期は明示されないものの、ここでも尊氏から直義への政務委譲が語られる。

もう一例、軍記物語ではないが、近い時期に尊氏や直義を振り返って言及した今川了俊《いまがわりょうしゅん》の著作をみよう。今川了俊は、晩年に、足利家や今川家の来歴、室町幕府のたどった道筋を説いて、時に北山殿《きたやまどの》に君臨する足利義満《よしみつ》の政道に諫《かん》言《げん》する内容の書を記した。『太平記』批判を含むことから『難《なん》太平記』として知られる。なかに尊氏や直義に言及した箇所がある。尊氏は弓矢の将軍で私曲なく、直義は政道に私がない、尊氏は挙兵時のさきのシーンで「天下」も足利家も直義に譲ったことを忘れず、観応《かんのう》の擾乱《じょうらん》で両者が対立するなかでも、直義らの行為を容認し、直義から義詮《よしあきら》へと「天下」を「うつくしく」譲ることを望んだという。了俊は、未然に終った鎌倉公方《くぼう》による政権奪取の計画を、尊氏が企図した後継政権の枠組みにかなうとして正当化するなど、義満批判のなかでとくに尊氏を賞賛する立場に立っているが、ここに描かれた尊氏や直義のイメージは、『梅松論』などにみえるものと大きな違いはなく、政務委譲は尊氏の美徳として語られている。

尊氏は、時としてマイナス思考をもちながらも、上に立ち主導する立場としての度量を備えていた人物であり、直義は廉直で実務に長けた人物となろうか。尊氏は政治の表舞台に立つことを避け、かわりに直義が担った。このようなイメージは、尊氏・直義に対する一致した見方となっている。逆にいえば、少なくとも尊氏・直義の後継世代は、そのような像として固定化しようとしていたことになる。

同時代の日記にみるふたり

　では、同時代の人びとの確かな記録に、尊氏や直義はどう描かれているのだろうか。尊氏や直義の活躍のようすを伝える史料のうち、同時代の人間が記したものとして、まず参照すべきは、洞院公賢《とういんきんかた》の日記『園太暦《えんたいりゃく》』▲である。洞院公賢は、北朝の重鎮として、公武のあいだに立つことも多かった。残念ながら、現在伝わる日記はのちに抄出されたものなので、公賢の記した全体像を知ることはできないが、それでも直義や尊氏のようすを知るうえで欠かせない。

　公賢の日記をみると、幕府と北朝との交渉ではいつも直義が表に立っている。直義が具体的な政務を担当していたことは明白である。また、直義が公賢に使者を遣わして、公家《くげ》社会のしきたりなどを尋ねる記事が見られる。なかには、直義の考え方をうかがうのに興味深い事例もある。

　直義がみずからの邸宅に南面の門を設けようとした事例を取り上げよう。直義は、一三四五(貞和《じょうわ》元)年に三条坊門《さんじょうぼうもん》の自邸を再建し、その際、公賢に、南

▼**『園太暦』**　南北朝前期の政治史を検討する際の最重要史料。ほとんどは十五世紀半ば、自身も日記を残す甘露寺親長《かんろじちかなが》が抄出した本をもとにした写本で伝わるため、正確な解釈がむずかしいのが惜しまれる。

面する門を設置することの是非につき質問している。南面する門とは、敷地の南をとおる大路に向けて設ける門となる。鎌倉幕府の将軍邸では、正月行事である埦飯《おうばん》▲などに用いるため、南面の門が必要であった、しかし、京都では南面の門は見かけない、遠慮すべきかどうか。公賢は、南面の門は、たしかに皇居にあり、一方で院御所《いんのごしょ》などでは設けていない、しかし禁止されているとは聞いていない、必要ならば南面の門を設けて、普段は閉じ、必要な時だけ用いたらどうだろうか、と答えている。

のち観応の擾乱のさなか、一三五一（観応二・正平六）年四月には、直義は押《おしの》小路《こうじ》東《ひがしの》洞院《とういん》に邸宅を新築するが、そこでも直義は、公賢に、南面の門の是非を尋ねたようだ。公賢は、寝殿《しんでん》と向かいあって南面する大門を建てるのであれば、皇居のほか例はない、ただし、直義の三条坊門邸で設けたならば、それに準拠することで問題ないのではないか、と答えている。

直義は、自邸を将軍邸に准えて、新造のたびに南面の門を企図しており、武家としての伝統を保持しようとしている。一方で、南面の門は皇居に限る可能性を念頭において、二度にわたり公賢に確認しており、京都における公家社会

▼**埦飯**　饗応《きょうおう》の一形態で、武家では主従関係を可視化し確認する儀式として重視された。鎌倉幕府で、正月などに有力御家人が将軍に供膳する儀式として定着し、室町幕府では形式化していく。

の伝統も重んじようとしている。武家としての自己を矜持《きょうじ》しようとする態度は、公家社会の伝統の尊重につながるのであろう、あらたな勢力として京都を変革しようとする意図はみえない。直義は公武ともに伝統的な秩序を尊重し、それゆえ公武の伝統が相反する場合は状況に順応しようとする態度も見せている。

直義は武家として、公家社会に介入しようとせず、一定の距離をおこうとしたのだろう。直義は、従三位《じゅさんみ》に昇進して公卿《くぎょう》となることをたびたび固辞していたが、公家の面々から天皇に近侍する立場としてふさわしくないという声が強まるなか、夢窓に諭されて承諾した、というよく知られたエピソードも、『園太暦』に見える記事である。公家社会に対する距離感は、公家にとっても、これまでのやり方をある程度維持しうる、という点で歓迎すべきものだったと思われる。

公賢の返答は、選択肢それぞれの利点・難点を指摘しつつ、明確にアドバイスすることはなく、相手に判断の材料を提供するもの。公賢は、誰に対してもこのような回答をするのが常で、この中庸さが、この時期の公家社会に重んじられた理由なのかと思う。すると、直義の状況に対応しようとする態度も、公家には好ましいものだったのかもしれない。

つぎに尊氏の考え方をうかがう実例として、観応の擾乱の時のよく知られたエピソードをみよう。公賢が伝聞で記した記事だが、興味深い内容となっている。一三五一年三月、直義優勢のなか、尊氏は上洛《じょうらく》して直義に和を請う（年表2）。直義方であった細川顕氏は、上洛してすぐに尊氏邸に向かうが、「降人の身として見参《げざん》（主従が対面すること）、恐れありと称して謁せず」、つまり尊氏は細川顕氏に対面することなく、顕氏は「恐怖」したという。解釈はいくつか可能だが、ここでは、尊氏がみずからを降参人とみなし、その立場で家臣《かしん》に会うことを遠慮した、と理解したい。公賢は、続けて、今度の上洛ののち「初めてこの気を現す」と記している。尊氏のことを記したと思われる文章ながら、この意味もむずかしい。尊氏の行動の背後にある気持ちをさしているだろうから、みずからを必要以上に貶めて対面しなかった、という行動の背後に読みとれるのは、例のマイナス志向ではないだろうか。

この史料でもう一つ注目されるのは、細川顕氏が「恐怖」した、つまり対面しないという尊氏の行動におそれを感じた、と記される点である。細川顕氏は、

年表2　尊氏と直義を中心とした動き(観応の擾乱)

期	年			月	直義(および直冬ら)	尊　氏・義　詮
	貞和5	正平4	1349	閏6月	執事高師直を罷免。	
1				8月		直義の権限を義詮に。高師直，執事復帰。上杉重能らを殺害。
2	観応元	正平5	1350	10月	直義，京都脱出。直義党挙兵。	直冬追討が難航，尊氏西へ。
				12月	南朝と講和を画策⇒不調に。	
	観応2	正平6	1351	正月	直義党入京。	
				2月	摂津打出浜で尊氏軍に勝利。	
3				2月	尊氏の降伏を受諾。高一族を殺害。	尊氏入京。
				7月		尊氏近江出陣，義詮播磨出陣。
4				8月	直義，京都脱出，越前へ。	
				この間	合戦と和睦交渉。	
	正平6			11月	直義，鎌倉に入る。	尊氏，南朝と講和，鎌倉へ。
	正平7		1352	正月		尊氏，駿河以下で直義軍をくだして鎌倉に入る。
				2月	直義，鎌倉で死去。	
	文和元	正平7		閏2月	南朝，京都占領。北朝三上皇を管理下に。	南朝との講和破れる。
				3月		義詮，京都を回復。
				11月	直冬(ここまで貞和年号使用)，南朝方に。	
	文和2	正平8	1353	6月	南朝方(山名ら)，京都占領。	義詮，後光厳，美濃へ。
				7月		義詮，京都を回復。
				9月		尊氏，後光厳と入京。
	文和3	正平9	1354	12月		尊氏，後光厳と近江へ(義詮は10月に西へ)。
	文和4	正平10	1355	正月	南朝方(直冬・山名ら)，京都占領。	
				3月		尊氏・義詮，京都回復。

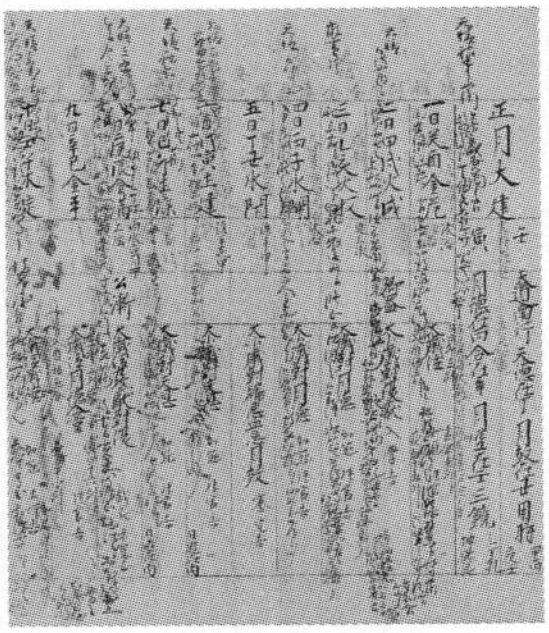

賢俊僧正日記(暦応五年条)

有力武将であるが直義に近く、講和が成立する前は尊氏と敵対する勢力であった。講和が成立し、形式的には将軍尊氏の家臣に戻るわけだが、簡単に復縁しうるとも思えない。尊氏がみずからを降参人とするマイナス志向の背後には、このような遺恨もあったと想像される。尊氏のマイナス志向は、単純な性向というだけでなく、政治的な判断など深慮をも踏まえた、複雑なものではなかったか。それをわかるがゆえに、細川顕氏は恐怖したのであろう。

さて、『園太暦』について、同時代人の日記として参照すべきは、醍醐《だいご》寺《じ》三宝《さんぼう》院《いん》賢俊《けんしゅん》の日記である。賢俊は、尊氏が挙兵の際に光厳上皇《こうごんじょうこう》の院宣《いんぜん》をえるにあたり、仲介役を果たした人物として知られる(八ページ年表1)。日記は簡単な一三四二(暦応《りゃくおう》五)年と、四八(貞和四)年・五五(文和《ぶんな》四)年分が残るだけで、直義を知るうえでは、貞和四年条が参考となる。

賢俊は、尊氏や直義に対する祈禱《きとう》を行うため、日記には尊氏・直義の名がしばしば見える。しかし、賢俊が尊氏・直義に直接に会っている記事に着目すると、様相は異なる。直義の場合、賢俊は、しばしば三条坊門邸にいき、直義と対面して、他者の意向を直義に伝えたり、直義の命を受けたりしている。ここでも、直義が政務など具体的な事柄を担っていたことが確認される。一方、尊氏との関係は、尊氏が執事高師直らとともに賢俊を訪問することは二回ほど見えるものの、賢俊が一人で尊氏邸にいき、対面することはない。賢俊は、真言僧として尊氏の身近にいる存在のようなイメージを受けるが、尊氏は、日常のなかで、賢俊とも限られた範囲でのみ交流している。

以上、尊氏と直義の個性について簡単にみてきた。尊氏について、まとめておこう。尊氏は、当時の日記からみて、政治面をはじめ表に立たなかった。しかし、マイナス志向と結びつけて、単に表に出たくなかったとするのは短絡にすぎるかもしれない。あるいは表に出ないほうがよいと判断したのだろうか。政務にかかわらないという点で、将軍尊氏は鎌倉幕府の摂家《せっけ》将軍・宮家《みやけ》将軍と共通している。しかし、そのめざしたものは、単に実務に関与しないというよりは、主体性をもって実務を越えた存在、独自の将軍像であったかもしれない。尊氏自身の構想がどこにあったのか、なお考察する必要がある。

④—ふたりの対立とその後

観応の擾乱の経過

京都の周辺は、室町幕府《むろまちばくふ》樹立後、おおむね平穏な時をすごしていた。南朝《なんちょう》が吉野《よしの》に退去し、ついで後醍醐《ごだいご》天皇が死去すると、京都周辺は幕府北朝《ほくちょう》の傘下で安定したのである。これまでみてきたように、足利将軍家や幕府がその正統性を確立するべく多様な努力を重ねることができたのは、政情が比較的に安定していたという背景がある。この安定は、尊氏支持派と直義の対立に発する全国を舞台とした内乱、いわゆる観応《かんのう》の擾乱《じょうらん》によって破られる。南北朝《なんぼくちょう》の対立は、幕府北朝方と南朝方という二項対立を全国に喚起したが、尊氏方と直義方の対立は、全国に展開した二項対立をより深化させる結果となった。京都もまた対立の主戦場となる。

観応の擾乱の経過の詳細については、別に年表風にまとめた表(五九ページ年表2)を参照いただくとして、ここでは直義の立場に注目して、段階ごとにおおよそまとめると、次のようになる。

1　一三四九（貞和《じょうわ》五）年八月～五〇（観応元）年十月：高師直《こうのもろなお》のクーデターにより、直義は第一線を退かされて義詮《よしあきら》の後見人となる。

2　一三五〇年十月～五一（観応二・正平《しょうへい》六）年二月：直義は京都を脱出して高師直党と軍事対立、優勢のうちに上洛《じょうらく》して尊氏の講和を受け入れる。

3　一三五一年二月～七月：直義主導で幕政を運営する。

4　一三五一年八月～五二（文和元・正平七）年二月：危険を察知して直義は京都脱出、軍事対立に敗れて鎌倉《かまくら》で降参、死去。

政権を構成する者たちの変化

二つの勢力は、それぞれ尊氏と直義を核としながら、多様な面々で構成されていた。政権を構成する人びとにみられる特徴的な変化をいくつかあげておこう。

一つは、1の初期、義詮が鎌倉から上洛し、直義の立場に取ってかわることである。義詮は、左馬頭《さまのかみ》▲に任官されるなど、名実ともに直義の後継者であった。尊氏は、直義から義詮へと、天下が「うつくしく」継承されることを望んだとい

▼**左馬頭**　朝廷の左馬寮の長官。従五位上《じゅごいじょう》相当という低い位置付けだが、源義朝《みなもとのよしとも》が任官するなど武家《ぶけ》では重要視され、足利義氏《よしうじ》も左馬頭である。直義は左馬頭から左兵衛督《さひょうえのかみ》となった。足利将軍家では、後継予定者の多くが最初に任じられる官職となる。

う。『難太平記《なんたいへいき》』には、尊氏と直義が相談した内容として、義詮は後継者と定めざるをえないが、天下を保持するのはむずかしいだろう、関東の諸勢力が義詮支持で一致することが必要なので、鎌倉に尊氏の子基氏《もとうじ》を派遣して義詮の守りとする、と記されている。しかし、直義から義詮への政務委譲は順調にいかず、義詮は直義と対立するようになり、かえって尊氏方と直義方の抗争を深めることとなる。3の初め、政務は以前と同様に、直義の補佐のもと義詮が行うこととなり、直義は義詮の邸宅に同宿しようとしたが、すぐに自邸に戻ってしまった。洞院公賢《とういんきんかた》は、ふたりは内心では合体していない、と評している。3の終りには、義詮と直義の対立は表面化し、直義は政務への関与を辞退しようとするが、尊氏・直義・義詮で相談して、直義主導を継続することとした。しかし、尊氏・義詮は数日後に、直義を攻撃する意図を含んだ軍事行動を始め、対立は決定的となる。八月一日、危険を察知した直義は京都を脱出する。

この頃の義詮は、尊氏とも一枚岩ではなかったようだ。4の時期、義詮は南朝との合体を画策して成功するが、尊氏はその交渉内容に不審をいだいていたという。しかし、十一月に、直義を追って尊氏は関東に向かい、尊氏と義詮は

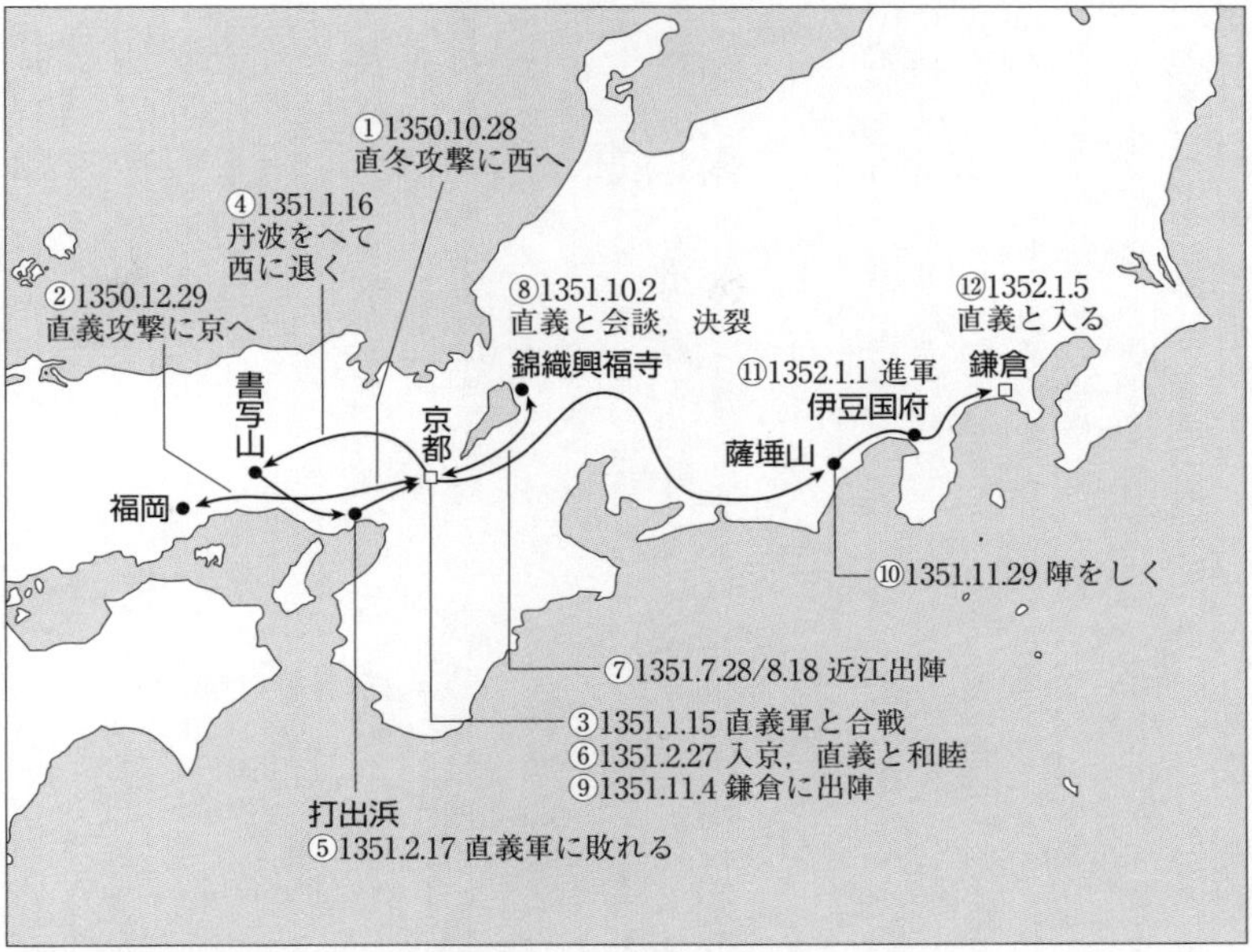

尊氏行動図（1350〈観応元〉年10月から52〈文和元〉年 1 月）

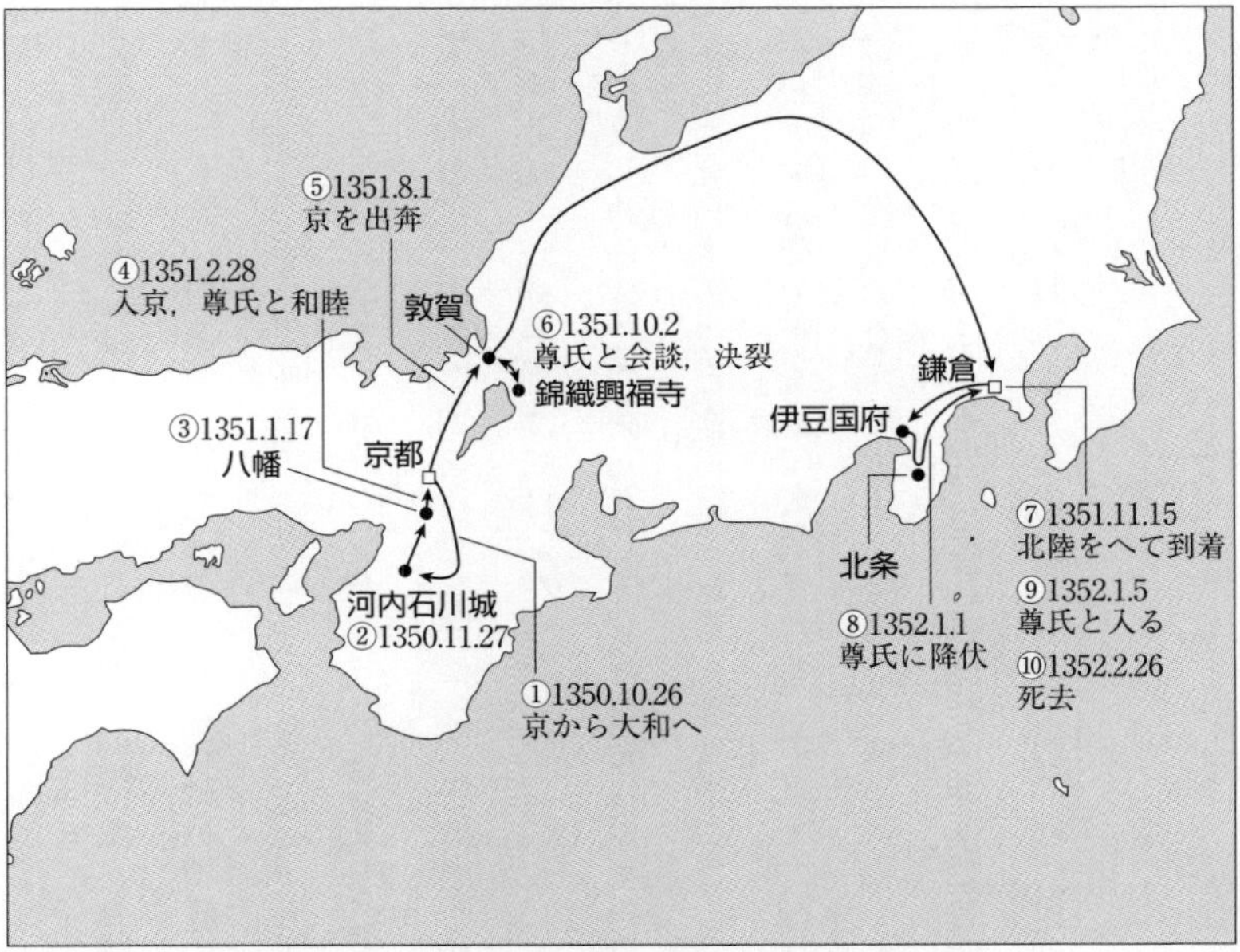

直義行動図（1350〈観応元〉年10月から52〈文和元〉年 2 月死去まで）

関東と京都に分かれたこともあり、こののち対立が表面化することはなかった。

　義詮は父尊氏とともに戦乱を生き延び、勢力の中心であり続けた。尊氏の血族のうち、観応の擾乱で死去したのは直義のみである。直義は鎌倉で尊氏に降参したのち、一三五二(文和元・正平七)年二月に死去している。直義死後、その勢力の中心となったのは、その子息で、尊氏の実子といわれる直冬《ただふゆ》▲であった。直冬は西国《さいごく》に根拠をえて、のちには南朝勢力と行動を共にし、各地を転戦しながら、京都を一時期占領するが、政権を担うにはいたらない。

　政権を構成する人びとにみられる変化の第二として、鎌倉時代以来の足利氏被官《ひかん》の出自をもつ有力家臣《かしん》が死去することがあげられる。尊氏方では、執事《しつじ》高師直以下が、2・3の境目、直義優勢のなかで殺害される。それまで政権を支えてきた高一族の多くは観応の擾乱のなかで大きく勢力を削減された。一方、直義方では、執事格の上杉重能《うえすぎしげよし》らが、1の初期に尊氏方優勢のなかで殺害された。そののち、直義を支え、その行動に大きな影響をあたえたのは、足利一門の桃井直常《もものいただつね》▲である。

　尊氏・直義が共同して統治した時代は、高氏・上杉氏を中心に、鎌倉時代以

▼**足利直冬**　生没年不詳。戦功により一三四九(貞和五)年長門《ながと》探《たん》題《だい》となるが、下向《げこう》途中に高師直勢の攻撃を受け敗走、九州で挽回し、一三五一(観応二・正平六)年、直義政権下に九州探題となる。直義死後、南朝に加わり、尊氏・義詮と対峙したが、晩年の動向は不明である。

▼**桃井直常**　生没年不詳。越《えっ》中《ちゅう》国守護として基盤を固める。観応の擾乱では一貫して直義方となる。一三五一年の直義の北陸への脱出を支え、尊氏との和睦《わぼく》に反対した。直義死後も、直冬とともに南朝方に立って尊氏・義詮と対立した。

来の足利氏被官が政権で重要な役割を担っていたが、観応の擾乱ののち足利氏被官は政権の中心に位置することはなくなる。その役割を担ったのは、足利氏の多様な庶流家、つまり足利一門で、これまで地方統治で活躍していたのに加えて、中央の政権も支えていくこととなる。

さて、観応の擾乱では、南朝とどのように連携するか、が大きな課題であった。南北朝の内乱の深化は、足利氏を頂点とする幕府＋北朝、それに対する南朝という対立構図を、尊氏方と直義方という構図に変え、南朝は、それぞれが対立要素を少なくするために連合する対象となった。直義は2の時期に南朝との講和を模索しているが、実現はしなかった。一方、さきにふれたように、4の時期、義詮を中心に、尊氏方と南朝の和議《わぎ》が成立し、一三五一(観応二・正平六)年十一月から四カ月ほど、南朝が唯一の朝廷となる。いわゆる正平の一統である。しかし、直義の死去まもなく、尊氏方と南朝の和議は破棄されており、南朝との連携は、あくまで当面の形勢を有利にするための計略であった。

正平の一統の破棄は、直接には南朝による京都占領、義詮の近江《おうみ》脱出を契機としている。しかし、この京都占領は一カ月くらいしか続かなかった。のち直冬が南朝方となると南朝方はやや勢力を回復し、一三五三(文和《ぶんな》二・正平八)年六月、五五(文和四・正平十)年一月と京都を占領、のち尊氏死後の六一(康安《こうあん》元・正平十六)年二月には反幕府となった仁木義長《にっきよしなが》▲や細川清氏《ほそかわきようじ》▲の加勢をえて京都を占領するが、いずれもごく短期間しか維持できない。反幕府となった勢力と南朝が連携する、という図式は定着するものの、幕府をゆるがす結果にはいたらなかった。

直義死後の尊氏

直義死後の尊氏に目を移そう。尊氏は、一三五二(文和元・正平七)年初め、直義を追って鎌倉に入り、そのまま鎌倉に滞在した。一三五三(文和二・正平八)年の南朝方による京都占領を受けて京都に戻る。その後約五年間、尊氏と義詮の共同統治が行われたことになるが、戦乱状態は終息しないため、どのような原則をもって統治を行おうとしたか、必ずしも明確ではない。幸いにも、さきに一三四八(貞和四)年条から尊氏・直義のようすをみた三宝院賢俊《さんぼういんけんしゅん》の日記には、五五(文和四)年条が残っており、年初の南朝による京都占領ののち、少

▼**仁木義長**　?〜一三七六。尊氏に従って戦功あり、伊勢《いせ》国守護《しゅご》・侍所頭人《さむらいどころとうにん》などをつとめた。観応の擾乱ののち、執事となる兄頼章《よりあき》のもとで活躍したが、尊氏・頼章の没後に執事細川清氏らと対立、一三六〇(延文五・正平十五)年クーデターに失敗し、南朝方となる。

▼**細川清氏**　?〜一三六二。観応の擾乱から尊氏方で戦功をあげ、若狭《わかさ》国守護となる。一三五七(延文二)年より執事となり義詮を補佐し、仁木義長を排斥した。一三六一(康安元・正平十六)年、佐々木高氏《ささきたかうじ》らと対立して若狭国に没落、南朝に帰順した。讃岐《さぬき》国で細川頼之《よりゆき》に敗死する。

し安定したなかで尊氏のようすが記される。貞和四年条では、さきに述べたように、賢俊は直義のもとをしばしば訪問するのに対し、尊氏とかかわる機会は少なかった。しかし、文和四年条では、賢俊は尊氏の陣所《じんしょ》を訪れたり、尊氏らのための修法《しゅほう》を行う壇所《だんしょ》▲で尊氏と対面したりしている。一方、義詮とかかわる記事はほとんどない。賢俊の位置付けの変化も考慮に入れる必要はあるだろうが、尊氏の立場は、直義と共同統治した時期と、義詮と統治を行う時期とでは異なっている。義詮は裁判など直義の権限を継承しているけれども、政権の運営は尊氏主導でなされていたと読みとることも可能ではないかと思う。

南朝勢力は京都争奪戦では結果を残せないなか、九州では懐良《かねよし》親王▲を中心として勢力を築きつつあった。尊氏はみずから九州遠征を企図したが、果たせずに一三五八(延文《えんぶん》三)年四月三十日に死去する。五四歳であった。

▼**壇所での修法**　修法は、密《みっ》教《きょう》で、壇を築き法具を配置し、本尊を前に定められた作法に従って祈禱《きとう》すること。壇所は壇を築く場所。将軍御所《ごしょ》では、多様な種類の修法が頻繁に行われるため、壇所が恒常的に設けられていた。

▼**懐良親王**　?～一三八三。後醍醐天皇の皇子。征西《せいせい》将軍として九州に下向、一三四八(貞和四・正平三)年に肥後《ひご》国菊池《きくち》氏に擁立され勢力を拡大、六一(康安元・正平十六)年には大宰府《だざいふ》を掌握した。明《みん》から日本国王に封じられたのも著名。幕府から派遣された九州探題今川了俊《いまがわりょうしゅん》に敗れる。

⑤—ふたりの死後

施策の断絶

尊氏の死後、その勢力の中心は義詮《よしあきら》が担った。戦乱のなかで、義詮を頂点にいただく幕府《ばくふ》は、義詮を支える有力者が台頭と没落を繰り返す時期をへて、西《さい》国《ごく》の有力大名《だいみょう》である大内《おおうち》氏▲や山名《やまな》氏▲が幕府の側に立つなど、地方での安定度を増していく。斯波《しば》氏▲は高師直《こうのもろなお》の立場を発展的に継承して義詮の幕府を支えたが、義詮晩年には没落、しかし南朝《なんちょう》方には立たず、反幕府勢力が南朝方と連携する構図もくずれるにいたる。

一三六七(貞治《じょうじ》六)年に義詮が没した時、継承者義満《よしみつ》はいまだ一〇歳であった。細川頼之《ほそかわよりゆき》▲は斯波氏の立場を継承して義満の幼少期に政権を支えた。しかし一一年後、有力者の支持を失って失脚、斯波氏が復権する。義満は、細川頼之と決別してこの政変を乗り越え、頂点に立つ存在であり続け、こののち朝幕を通じて君臨する存在へと成長していく。それとともに政情も安定を迎え、南北両朝は統一をみるのである。

▼**大内氏**　周防国《すおうのくに》の在庁官人《かんじん》。多々良《たたら》を名乗る。大内弘世《ひろよ》は、観応の擾乱で直冬《ただふゆ》方に属し、周防・長門《ながと》両国(山口県)を掌握した。一三六三(貞治二・正平十八)年頃、細川頼之の仲介で幕府方となる。のち義弘《よしひろ》が義満に反するが、その後も幕府政治に影響を保った。

▼**山名氏**　新田氏《にったし》一族。山名時《とき》氏《うじ》は、尊氏に従って戦功あり、山陰地方に勢力を伸ばす。観応の擾乱では直義方となる。一三六三年に幕府に帰順。大きな勢力を保ち、氏清《うじきよ》は義満に反するが、その後も幕府の有力大名であり続けた。

▼**斯波氏**　足利一門のなか高い家格を誇る。斯波高経《たかつね》は、細川清《きよ》氏《うじ》の失脚ののち、一三六二(貞治元)年に子息義将《よしまさ(ゆき)》を執事とし、義詮の政権を安定させた。一三六六年に失脚するが、のち斯波氏は、幕府を主導する三管領家の一つとして活躍する。

尊氏・直義共同統治期の幕府の体制や政策は、義満期にどうなったであろうか。代表例として③章で掲げた二点を対比してみよう。

まずは評定《ひょうじょう》・引付《ひきつけ》。評定や引付は、義詮の時期にすでに形骸化が進み、少なくとも義満の後半期、北山殿《きたやまどの》の時代▲までに実質的な意味を失う。評定の機能は、義詮を中心とする会議体である御前沙汰《ごぜんさた》に受け継がれるが、御前沙汰も北山殿の時代には形骸化し、義満が事案を個々に判断するようなものへと転化していった。

この変化は文書形式に反映している。鎌倉《かまくら》幕府では、将軍の発する文書は、政所下文《まんどころくだしぶみ》▲など「下」という文言が特徴的な下文形式を中心とし、一方執権《しっけん》らは、将軍の意を伝達する奉書《ほうしょ》の形をとりながらも、評定での裁許など重要事項を「下知如件《げちくだんのごとし》」と書き止める下知状という形式で伝えた。尊氏・直義の時代、尊氏は従来とやや異なる形式の下文で恩賞《おんしょう》を給与し、執事《しつじ》高師直は、奉書の形で下文を伝達したり、独自の命令を出したりした。直義は奉書ではなくみずから命令主体となったものの評定での裁許を下知状で伝えた。

義詮をへて義満の時代には、下文・下知状はごくわずかしか発給されない。

▼細川頼之　一三二九〜九二。阿波《あわ》国から四国、中国地方に地歩を固め、一三六七(貞治六)年、将軍義満の後見として執事(管領)となり、義満幼少期の幕府政治を長く主導した。一三七九(康暦元)年、斯波義将らとの政争(康暦の政変)に敗れ四国に退去、のち復帰を果たす。

▼北山殿の時代　義満は、一三九四(応永元)年に将軍職を子の義持に譲り、太政大臣として公家を究め、翌年には出家する。一三九九(応永六)年から活動の拠点を次第に北山殿に移し、それまでの権威を超えた独自の統治を開始する。

▼政所下文　「〇〇家政所下」で始まり、最後に多くの政所構成員が署判する文書様式。政所は三位《さんみ》以上の公家が開設できる家政《かせい》機関で、政所下文は摂関家《せっかんけ》などで見られる。頼朝も政所を設け、政所下文を発給した。

足利尊氏袖判《そではん》下文（朽木《くつき》家《け》文書）

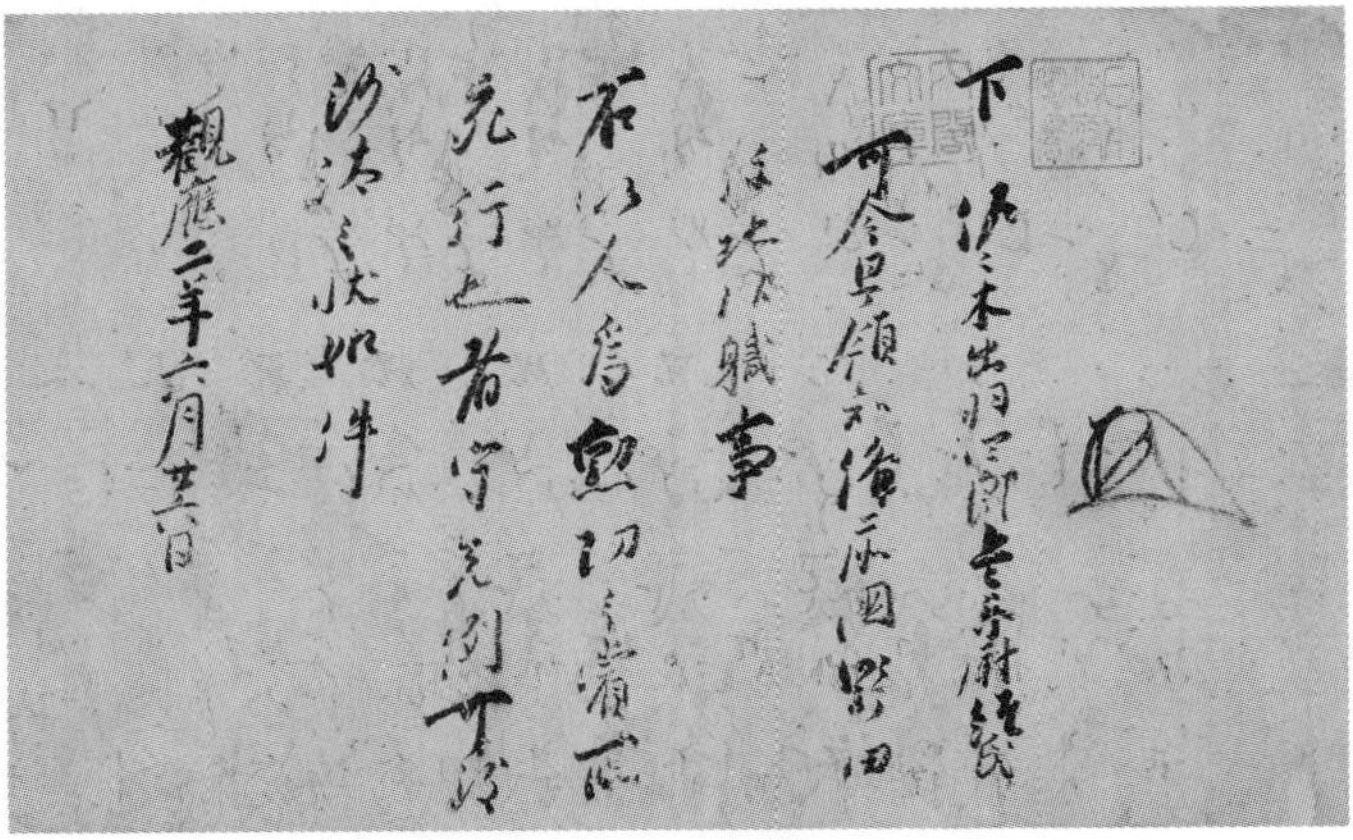

足利直義下知状（東寺《とうじ》百合《ひゃくごう》文書）

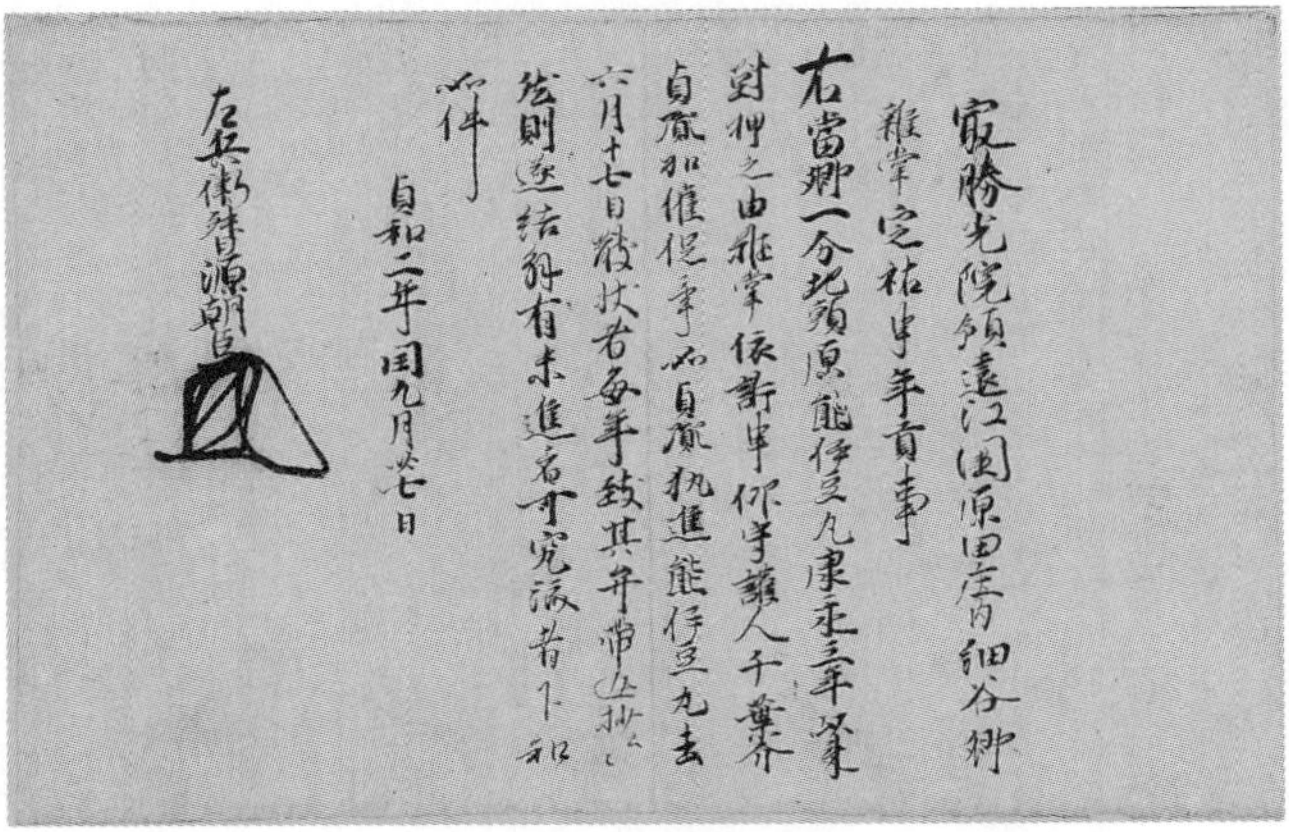

足利義満御判御教書（東寺百合文書）

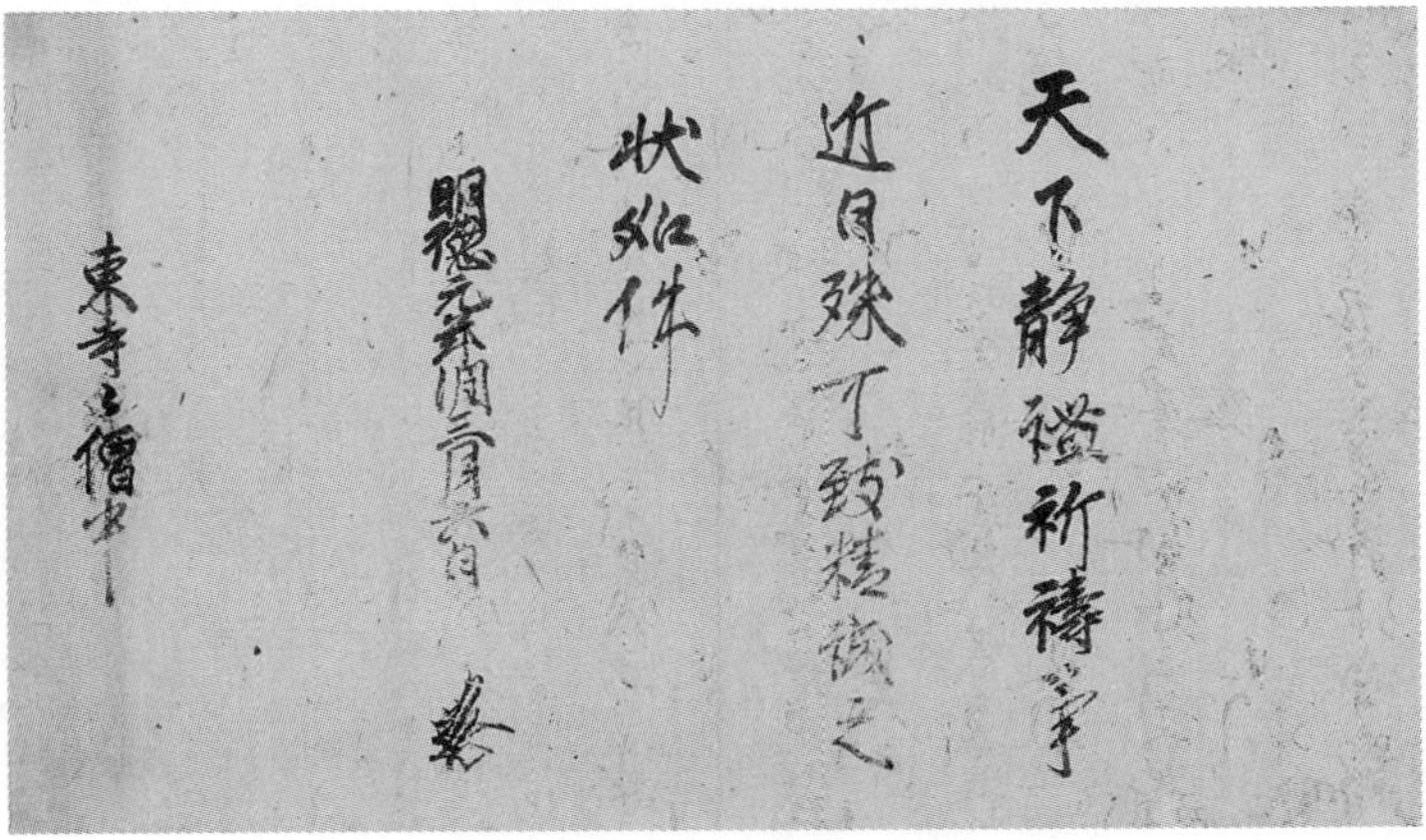

▼**管領**　執事の職は、斯波高経の主導のもとの斯波義将、ついで義満幼少期の細川頼之、康暦の政変をへて斯波義将と継承され、しだいに職掌が整理されて家宰という面を脱却していく。一三九八(応永五)年の畠山基国《はたけやまもとくに》の就任で管領は三家に固定される。

下知状が大きく減少するのは評定の位置付けの低下と対応している。かわりに幕府発給文書の中心となるのは、義満ら将軍が署判する御判御教書《ごはんのみぎょうしょ》である。御判御教書は、書状と似てめだった様式はないが、書止《かきとめ》は「如件」で一定している点、相手によって書止などを変える書状とは一線を画す。義満は、この単純な様式の文書で、多様な事案に関してみずから示した判断を命じているのである。執事を発展的に継承した管領《かんれい》▲は、執事奉書を継承し、奉書の形で将軍の御判御教書を伝達したり、独自の命令を出したりした。

つまり、将軍(尊氏)—執事(高師直)というユニットの担う役割が拡大し、幕政すべてにかかわるにいたった、ということになる。拡大にともない、足利氏の家宰《かさい》であった執事は、幕府ナンバー2で、足利一門から輩出される管領に転化した。並行して、各国守護《しゅご》に対する命令は、義満の御判御教書ではなく管領奉書の任務となり、管領には守護をつとめる有力大名の代表という位置付けもあることをうかがわせる。

つぎに、安国寺《あんこくじ》・利生塔《りしょうとう》について。尊氏・直義の時代ののち、安国寺・利生塔であることがとりわけ評価されることはない。足利将軍家は、政権担当者として、引き続き仏舎利《ぶっしゃり》を管理することに熱意をもっていたようだが、利生塔の設置のように、仏舎利を通じて宗派を超えて各国の寺院と関係をもとうという志向はみえない。

一方、禅宗《ぜんしゅう》寺院を管理下におく仕組みとして表面化するのは五山《ござん》の制度である。五山の制度は、中国南宋《なんそう》代には成立し、五山―十刹《じっさつ》―諸山《しょざん》(甲刹《かっさつ》)という階層のもとに寺院を統制した。五山という名称は鎌倉幕府ですでに導入され、尊氏・直義の時代、天龍寺《てんりゅうじ》の創建とともに整備される。第一位に京都南禅《なんぜん》寺《じ》▲・鎌倉建長寺《けんちょうじ》、第二位に京都天龍寺・鎌倉円覚寺《えんがくじ》のように、順位が設定されたうえ、一部の順位は京都・鎌倉で別に定められるようになる。義満の時代、相国寺《しょうこくじ》が創建されると、南禅寺を「五山之上」に格上げしたうえで、相国寺を京都第二位とする。加えて、各位に京都・鎌倉の寺院を整然と配置して序列化し、この位次は以後ほぼ維持されていく。相国寺は、義満の邸宅室町殿《むろまちどの》に付随する寺院で、直義の三条坊門《さんじょうぼうもん》邸に付随する等持寺《とうじじ》の機能を継承した。等持寺は、十刹第一位と位置づけられるのに対し、将軍家の寺院という要素を強くもつ相国寺は、五山に、それも天皇家ゆかりの南禅寺、後醍醐《ごだいご》天皇をとむらう天

▼**南禅寺**　京都市左京《さきょう》区にある臨済宗《りんざいしゅう》寺院。亀山天皇は一二九一(正応《しょうおう》四)年に離宮《りきゅう》を改めて禅《ぜん》院《いん》とし、門派を問わず住持を任ずると定めた。この十方《じっぽう》住持制は五山以下の官寺《かんじ》の要件に合致し、五山のなかで高い寺格を誇った一因となる。

龍寺につぐ位置付けとなり、他の上に立ったのである。これは、足利将軍家、ひいては幕府が、五山制度を栄誉的な寺格としてだけではなく、みずから禅宗寺院を統制する秩序に整える姿勢を明確に打ち出したことの表れと理解される。十刹も、義満の時期、同じく数をふやすけれども、五山と異なって数は限定されず、内部での順位もしだいに失われていく。五山の秩序は、京都・鎌倉の禅宗寺院を明確に序列化する一方で、それ以外の地域の禅宗寺院については、多くの十刹と各国複数の諸山というおおまかな統制にとどまっている。

これは、各国平均に一つ安国寺を設定する、という尊氏・直義の構想とは一線を画しており、安国寺は、設置当初の構想は失われて、五山の制度に埋没することとなる。十刹に列せられたのは、京都の山城《やましろ》安国寺と丹波《たんば》安国寺のみで、後者は上杉《うえすぎ》氏ゆかりで足利将軍家とも関わり深いためであろう。諸山を列記する『扶桑五山記《ふそうござんき》』▲のリストを見ると、諸山には、安国を名乗る寺院は二七ほど確認される。守護との関係を維持しえた安国寺は、国レベルを代表する寺院であり続けたのであろう。

▼**『扶桑五山記』**　五山記とは、中国・日本の五山・十刹・甲刹（諸山）のリストと各禅院の情報を記した禅刹記と、各禅院の歴代住持を列挙した住持籍をあわせた史料。『扶桑五山記』はその代表で鎌倉市瑞泉寺《ずいせんじ》所蔵。活字本も刊行される。

権威の根拠の変化

このように、義満は、尊氏・直義の政治のあり方や施策を継承するというよりは、みずからの意思のもとに選択をし、改変を加えている。では、さきに足利将軍家の権威の向上という視点から取り上げた諸点は、義満期にはどうであったろうか。

京都での根拠地

政務の中心であった直義の三条坊門邸そのものは維持されないものの、義詮は、隣接地を本拠とする。しかし、義満はあらたに室町殿を建設、さらには北山殿へと移っていく。直義の三条坊門邸に付随した等持寺は、もとは古先印《こせんいん》元《げん》▲を開山《かいさん》とする寺院であったが、直義死後、夢窓疎石《むそうそせき》開山の寺へと由緒を変えて直義時代の要素を減じた。さらに、さきに見たように、義満期にはその主たる機能を室町殿に付随した相国寺に移す。

相国寺の開山は夢窓で、開山塔崇寿院《すうじゅいん》は、無着《むちゃく》が創建し、のちに夢窓が管理した資寿院《しじゅいん》を転化したらしい。無着は尊氏の異母兄の祖母であり、相国寺は尊氏の由緒に立脚する一面をもつことになる。義満が尊氏の由緒に依拠しようと

▼**古先印元**　一二九五〜一三七四。入元《にゅうげん》して修行ののち帰朝。夢窓疎石の信任厚く、天龍寺の造営をまかされたが、夢窓の弟子にはならず、観応の擾乱のなか一三五〇(観応元)年に関東にくだる。京都万寿寺《まんじゅじ》、鎌倉円覚寺・建長寺の住持となった。

した事例となろう。同時に、等持寺の機能を低下させ、直義の由緒から遠ざかろうとしたとも理解できる。

しかし、義満は、政務の中心をさらに北山殿に移す。それとともに、相国寺の位置付けは相対的に低下していく。加えて、義満の死後、義満をとむらうための塔頭《たっちゅう》は相国寺に設けられ、以後の歴代足利将軍も同様に扱われた。一方で尊氏の塔頭は相国寺に存在しない。相国寺は義満の寺として整備されていくのである。

等持寺や尊氏の創建した真如寺《しんにょじ》は、由緒を保持して十刹に位置づけられて存続することとなる。洛北《らくほく》等持院は、尊氏の称号(等持院殿)の寺院となるものの、足利家の葬送の寺として機能し続けるためであろうか、五山制度からは外におかれた。

総じて、義満には、尊氏・直義の邸宅やそのゆかりの寺院に根拠をおこうとする姿勢はあまり見られない。

追善

追善《ついぜん》仏事は、対象人物の死後、時間をへると実施する機会が減るものであり、後醍醐天皇はじめ、さきに取り上げた人びとの追善は、時間の経過とともにめだたなくなる。尊氏・直義の追善についてはあとでまとめよう。とむらう施設を管理下におこうとする点についてはどうだろうか。頼朝《よりとも》や実朝《さねとも》らの法華堂《ほっけどう》は、引き続き醍醐寺の管轄下におかれるが、とりわけ尊重された形跡はない。後醍醐天皇の施設として創建された天龍寺は、五山として、南禅寺につぐ高い寺格をあたえられていく。ただ、天龍寺は、北朝《ほくちょう》光厳《こうごん》天皇などの塔頭金剛院《こんごういん》も設けられ、また夢窓の門徒の一つの拠点としても機能し、多様な意義付けをかねた寺院として、しだいに後醍醐天皇との関連性は薄れていく。

頼朝の由緒と尊氏の先例

尊氏は、幕府創業者として頼朝と同じ立場にあったこともあり、頼朝との対比のなかで描かれることが多かった。義満の場合、よく知られるのは、一三七八(永和《えいわ》四)年の右大将《うだいしょう》拝任▲の儀式にあたって、頼朝の先例が参照されたことくらいであろうか、頼朝が援用された事例は多くない。義満やその支持者たちは、先例として頼朝を援用する必要性は少なかった、という判断も可能であろう。右大将の場合、尊氏・義詮は叙任されず、頼朝は参照すべき先例として存

▼**右大将**　右近衛《うこのえ》大将。右近衛府の長官。頼朝は一一九〇(建久《けんきゅう》元)年、上洛して右大将と権大納言に任ぜられる。義満はこれにならい、一三七八(永和四)年にこの両官に任官する。以後の足利将軍歴代も右大将をへて昇進する。

在していた。この後、義満は先例のない昇進を果たしていく。

一三九九(応永《おうえい》六)年、相国寺大塔《だいとう》▲の完成による供養《くよう》を行う際、公家《くげ》側は、頼朝が参加した東大寺《とうだいじ》供養を準拠として日時決定の儀式などを行っている。一方で、義満自身は頼朝の行動にならった形跡は確認できない。『相国寺塔供養記』では、義満の行動を亀山法皇《かめやまほうおう》を模したものと記す例も見られる。尊氏・直義の参加する天龍寺供養で、頼朝の例が参照されたのと対照的である。

さらに、義満の行動にあたって尊氏の先例が尊重される事例は思いのほか少ない。一三七九(康暦《こうりゃく》元)年、義満の笙始《しょうはじめ》▲で豊原信秋《とよはらのぶあき》が師匠となったことにつき、近衛道嗣《このえみちつぐ》が、尊氏が豊原龍秋《たつあき》を師匠とした例にならったと推測したこと、八〇(同二)年、のちにふれる等持寺法華八講《はっこう》が再興された際に、尊氏・直義が始めた八講の復活という評価があったこと、などが具体例となる。一般的に、先例として参照される事案として、生涯にかかわるもの、元服《げんぷく》をはじめとした通過儀礼や、公家としての昇進などがまず想起される。尊氏の場合、前者は戦乱のなかで進行し、後者は、権大納言《ごんだいなごん》にとどまったため、義満にとっていずれも先例とするのはむずかしかったであろう。しかし、政策そのほか、尊氏を援

▼**相国寺大塔**　義満が父義詮の三十三回忌に建立した七重塔。完成の四年後に落雷で焼失、ついで北山殿に七重塔(北山大塔)の建立が企図される。権威の象徴であったろう。北山大塔も焼失、ついで再建した相国寺大塔も焼失している。

▼**笙始**　ここでは生涯ではじめて笙を演奏する儀式。足利将軍歴代が行っている。足利将軍家と笙の関係は四〇ページ参照。

用する可能性は少なくないはずで、尊氏を先例とした具体例の少なさは留意すべきであろう。

足利氏の優位性と足利将軍家

さきに足利氏の優位性を述べた際にふれた、『源威集《げんいしゅう》』や『難太平記《なんたいへいき》』は、義満の時代に成立した史料であり、優位性を強調する言説は、義満期に定着したといえよう。しかし、義氏《よしうじ》書状を直義が「一見」したことに象徴される、相手の意向を利用して政権担当者自らが優位性を主張しようとする事例は、義満には見られない。同じく、義満が尊氏の後継者であることを積極的に主張した事例が見られないのも留意される。

先例として重視されなかった理由

このように、義満の時代、尊氏・直義の事績は、あまり尊重されず、積極的に継承されることはなかった。また、先例として重要視されることも少なかった。その理由を整理しておこう。

まずは、先例となしえなかった理由から。義満およびそれを支える人びとにとって、尊氏・直義を先例としたくてもしえない、もしくは選択肢としてはあるが、よりよいものとして他を選択して先例とする、という場面は十分に想定しうる。中央・地方あわせて幕府体制は大きく変化し、尊氏・直義を先例とするに不足な事例もあったであろう。義詮期以降の経験も積み重なり、先例は蓄積されていく反面、時間の経過とともに、幕府草創期を知る人材は失われ、尊氏・直義期の記憶は忘却される。『難太平記』の批判したところである。

しかし、時間の経過による不適応や忘却は、どの状況でも起こる。先例となるのは、先例として依拠しようとする意志があるからこそであろう。義満やそれを支える人びとが尊氏・直義の精神を継承しようとしたならば、草創期としての事績を先例として位置づけようとする努力がみえてもおかしくはない。やはり義満やそれを支える人びとは、尊氏・直義をあえて先例とはしなかった、と考えるべきではないだろうか。その理由は、義満を中心にまったくあらたな方向性をめざしたため、尊氏・直義を継承するという考え方が少なかったためとなろう。

義満の時期は、独自の安定政権をめざした。その結果、尊氏・直義は、継承されたり参照されたりすることのない、切り離された特異なものとなった。義満の統治にもまた後継者義持《よしもち》により否定された面は少なくない。それでも、義満の時期に形づくられた諸種の枠組みは、義持、そして義教《よしのり》の時期へと継承されたと評価される。義満以降、足利将軍家とそれを支える人びとにとって、尊氏・直義の統治は草創期特有のものと評価されたのである。

一方で、義満が尊氏・直義を踏襲する必要がなかったのは、ふたりが確立に腐心した権威がある程度まで定着していたからこそともいえよう。ふたりは、動乱のなか、足利氏をいただく政権の権威確立をめざした。社会が安定期に向かうなか、足利氏による政権は、その礎のもとにあらたな展開をめざしたのである。

先祖としての尊氏

最後に、尊氏と直義それぞれが子孫たちにどのように扱われたか、まとめておきたい。一つは死後にどのように呼ばれたか、もう一つは追善をはじめとする鎮魂について。

等持院（京都市）

▼**長寿寺**　建長寺の西に位置する臨済宗寺院。尊氏の没した一三五八（延文三）年、鎌倉公方《くぼう》足利基《もと》氏《うじ》が古先印元を開山に請じたとされる。しかし、それ以前から存在し、尊氏の死にあたり整備された可能性が高い。

死後の称号は、その人物をとむらうための寺院の名前によることが多い。尊氏は、初め長寿寺殿《ちょうじゅじどの》と呼ばれた。長寿寺▲は、鎌倉に現存する寺院である。その後、京都では等持寺殿、常在光院殿《じょうざいこういんどの》などが候補となるなか、死後一年半ほどで「等持院殿」と呼ばれるようになり、これが定着していく。一方、関東では後世まで長寿寺殿という呼称が通用している。

東山《ひがしやま》常在光院は、先述のとおり、尊氏が居宅をおいていたことのある、尊氏ゆかりの寺院である。しかし、もとは北条氏《ほうじょうし》一門の金沢《かねざわ》氏のかかわる寺院だったために、尊氏の称号としてはふさわしくないと判断されたのであろう。鎌倉長寿寺は、直義邸に隣接した等持寺と同様に、古先印元ゆかりの寺院である。古先は、直義の死後に関東に下向《げこう》している。先述したように、京都では、等持寺が夢窓開山の寺へと由緒を変更するなど、夢窓の弟子たちにより、古先の由緒は否定されつつあった。京都で長寿寺殿を用いず、また等持寺殿が採用されなかった背景には、古先のかかわった寺院を称号とすることを避けようとした動きがあったと想定される。洛北《らくほく》等持院は、足利氏歴代の葬送の寺院として機能するが、初めは、尊氏らの縁故者と思われる無外如大《むがいにょだい》の創建した正脈院《しょうみゃくいん》に

長寿寺（鎌倉市）

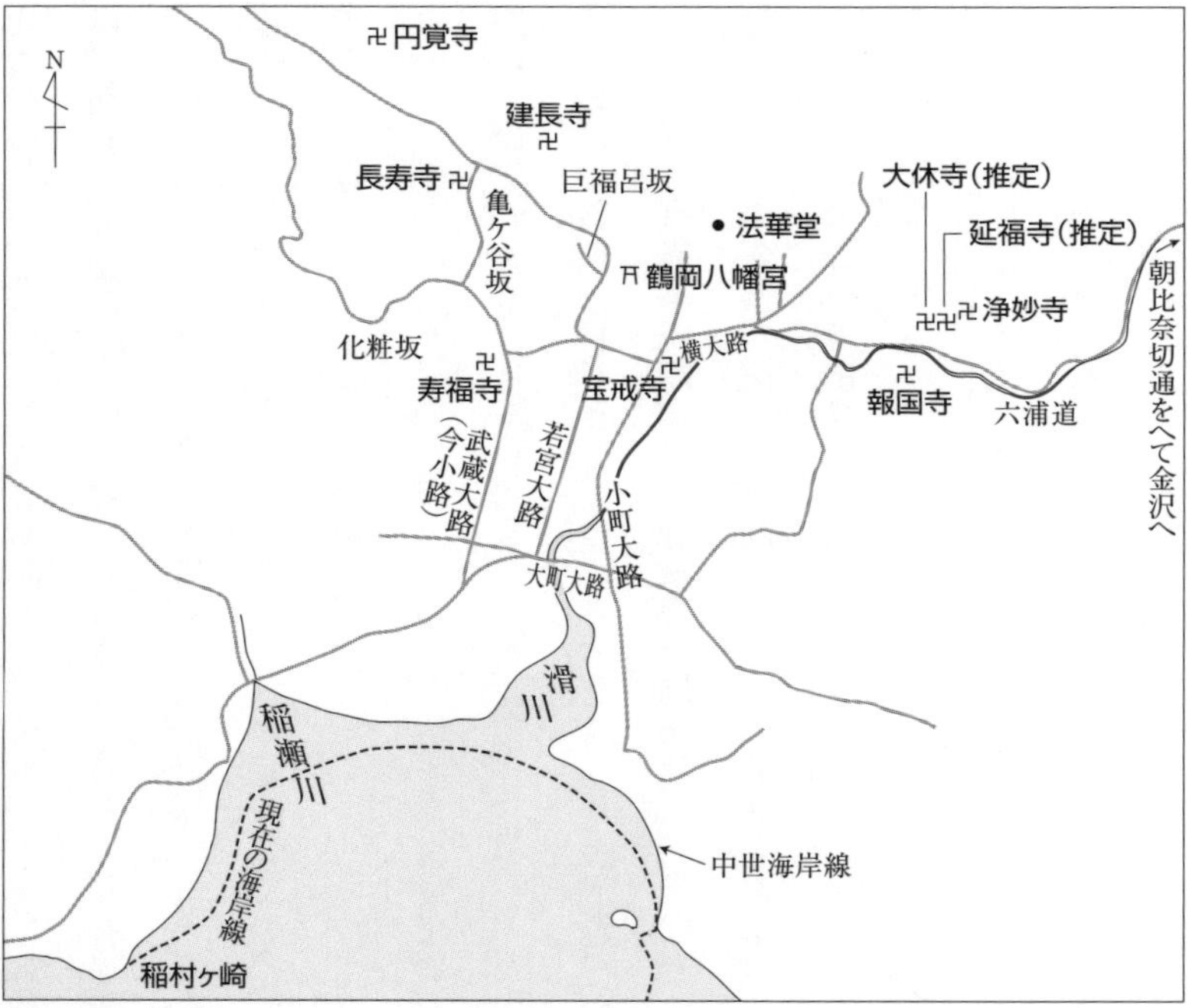

鎌倉地図（本書に関係する寺院など）

▼**太政大臣**　太政官《だいじょうかん》の最高官職。足利氏で生前任じたのは義満だけである。義持・義教には死後まもなく太政大臣が贈られている。尊氏への贈官はそれらより遅れていることにも留意したい。以後の足利将軍歴代も贈官された。

隣接する寺院として、京都での数少ない足利氏ゆかりの寺院であった(前述)。尊氏とゆかりがあり、北条氏や直義の影は薄い、そしておそらくは夢窓がかかわった寺院、として、等持院が選ばれ、尊氏の称号は等持院殿と定まったのであろう。尊氏存命中には、尊氏らの母である上杉清子《せいし》が等持院殿と呼ばれていたが、尊氏が等持院殿と呼ばれるようになるのち、清子の称号は果証院殿《かしょういんどの》と変更されている。果証院は、おそらく等持院の塔頭という位置付けだったと思われる。

つぎに尊氏の追善をみよう。尊氏をとむらう仏事は、少なくとも通常の範囲で催行されている。たとえば一四五七(長禄《ちょうろく》元)年四月二十八日には、百回忌仏事として、等持寺での法華八講などが行われ、太政大臣《だいじょうだいじん》▲が贈官されている。死後仏事の特徴をつかむため、大田壮一郎氏が明らかにした、法華八講の開催状況をみておこう。

法華八講とは、八巻からなる法華経《ほけきょう》を一巻ずつ講ずる法会《ほうえ》である。足利将軍家は、先代の追善仏事の一つとして、毎年の忌日に、禅宗や密教《みっきょう》の仏事とならんでこれを催行した。等持寺や相国寺など、菩提寺《ぼだいじ》ともいえる禅寺に僧侶を招請して行うのを特徴とする。先代の仏事であるため、義詮は尊氏の、そして義満は義詮の年忌仏事として行っている。しかし、義満期以降にも、特定の時期に限られるものの、尊氏を追善する法華八講の事例がみられる。

義満は、等持寺で義詮追善の法華八講を開催していたが、一三九〇(明徳《めいとく》元)年、尊氏三十三回忌にあたり、相国寺に場所を移す。しかもその後数年間は、相国寺で尊氏追善の八講が催行される一方で、義詮追善八講は三十三回忌の前倒しを除いて形跡はないと指摘されている。あるいは相国寺と尊氏との関わりを示す一事例となるだろうか。しかし、一四〇〇(応永七)年、法華八講の場所が北山殿に移るとともに、追善の対象は義詮に戻り、尊氏追善の形跡はなくなる。また、次代の義持は、等持寺で義満追善の法華八講を行っていたが、晩年の一四二二(応永二十九)年末以降、等持寺で、義満に加えて、尊氏と義詮の忌日に八講を催行している。将軍職の子義量《よしかず》▲への継承、みずからの出家と前後した変化である。

前代を供養するのが基本の法華八講において、尊氏は対象として二度にわたり復活しており、尊氏の追善は後継者としての表現として意味を有していたこ

▼**足利義量**　一四〇七～二五。義持の子。一四二三(応永三十)年将軍に就任したが実権をもたないまま早世。男子誕生を信じた義持は、後継者を定めないまま一四二八(正長元)年に死去。神前でのくじ引きで後継将軍を決めることとなる。

地蔵菩薩坐像(園城寺《おんじょうじ》) 南北朝院派《いんぱ》の作と思われ、金堂《こんどう》に安置される。近年、頭部に包紙の納入が確認された。頭髪を封入したと思われ、伝来文書と像の造立年代から、尊氏もしくは義詮の遺髪の可能性がある。

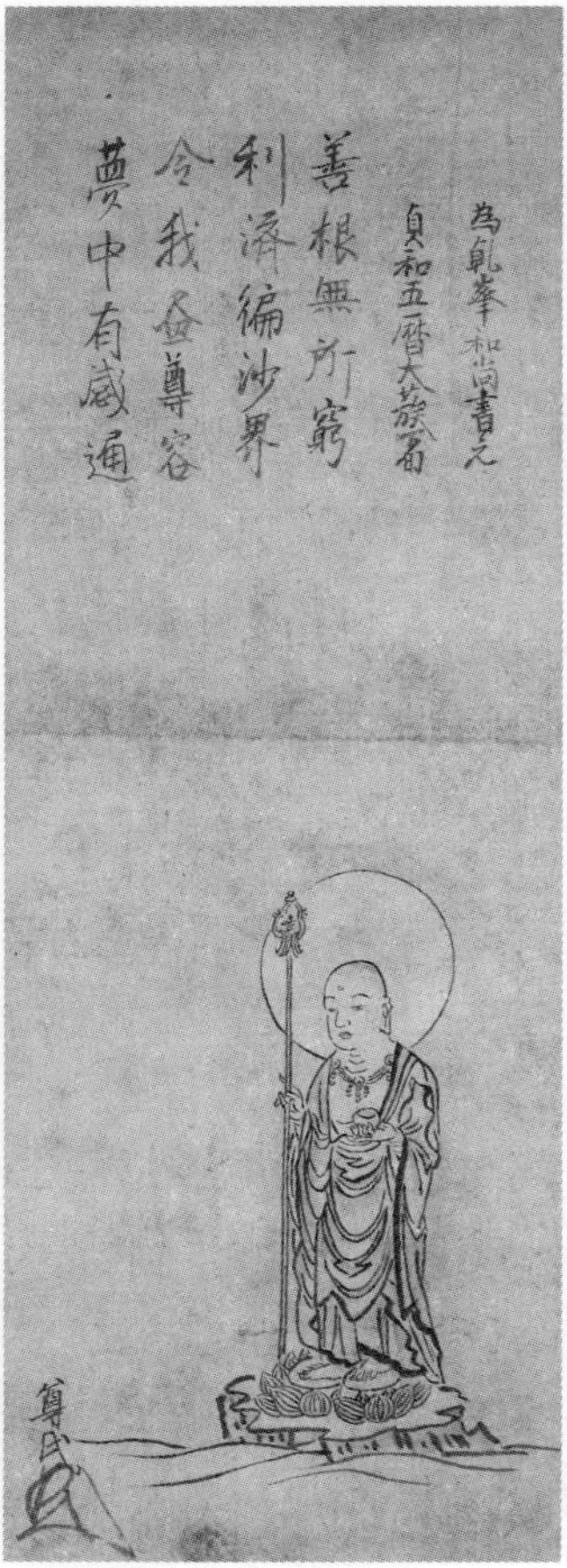

地蔵菩薩像(浄妙寺) 尊氏は地蔵菩薩を信仰し、みずから描いたとされる像も多く残る。彩色など特徴ある本作は禅僧乾峰《けんぽう》士曇《しどん》にあたえたもの。像は左向きのため、賛《さん》の文章も左行から読む。

地蔵菩薩立像(等持院) 歴代将軍の木像を安置する霊光殿《れいこうでん》の本尊。平安前期の造像で、尊氏の生きた十四世紀に表面仕上げされている。尊氏念持仏《ねんじぶつ》の伝承は見逃せない。

となる。

先祖としての直義

直義は、観応《かんのう》の擾乱《じょうらん》の初め、義詮への権限委譲ののち、一三四九(貞和《じょうわ》五)年十二月八日に出家する。こののち錦小路《にしきこうじ》殿と呼ばれている。これは当時の直義の居所に由来する。直義は、同年十月に義詮が関東から上洛《じょうらく》するのにあわせ、居所三条殿を義詮に譲り、みずからは細川顕氏《あきうじ》の錦小路堀川《ほりかわ》邸に移居していた。

直義は復権の時期をへて、一三五一(観応二・正平六)年八月、京都脱出を余儀なくされる。こののち、尊氏らは、直義を敵対者として高倉禅門《たかくらぜんもん》と呼ぶようになる。直義はこの年四月末、「押小路《おしのこうじ》東洞院《ひがしのとういん》新亭」に移居している。東洞院通《どおり》の一本東が高倉通なので、この新邸による呼称なのだろう。ただ、一つ気になるのは、尊氏新邸も「高倉殿」と呼ばれた点である。一三四九年三月、尊氏居所の土御門《つちみかど》東洞院邸(鷹司《たかつかさ》東洞院邸)が焼失する。おそらくほぼ同じ場所で再建が進み、六月には、「正親町《おおぎまち》東洞院」で上棟《じょうとう》が行われている(正親町通の一本南が土御門通、その南が鷹司通である)。この新邸は、弓場始《ゆばはじめ》▲の際、「高倉殿」と呼ば

▼**弓場始**　宮中《きゅうちゅう》弓場殿での儀式とともに、武家《ぶけ》行事である的《まと》始《はじめ》もさす。毎年、年初に幕府で行うものが著名だが、ここでは新邸に新造された弓場の使用を開始する儀式をさす。

れている。尊氏邸と直義新邸は同じ呼称だったことになる。政権の主体が尊氏から直義に移行していた時期、尊氏邸の呼称が直義の新邸に引き継がれていた、という可能性もあるだろう。

さて、直義の死去は、一三五二(文和元・正平《しょうへい》七)年二月二十六日とされている。直義は死後、「大休寺《だいきゅうじ》殿」と呼ばれる。鎌倉での使用例が多いものの、京都での仏事の際の禅僧の追善法語《ほうご》▲、あるいは公家日記にも所見はあるので、「大休寺殿」は直義の諡号《しごう》として通用していたと思われる。ただし、尊氏が多くの場合に等持院殿と呼ばれるのに比べると、使用例は少なく、生前の一時期用いられた錦小路殿という呼称は死後にも多くみられる。生前の呼称でも、使用された期間の長い三条殿はあまり用いられず、高倉禅門は死去直後を除くと、ほぼ所見はない。

大休寺は、鎌倉に所在した寺院である。足利氏の創建した浄妙寺《じょうみょうじ》に隣接していたらしい。直義が邸宅を構えた地とも、直義の死亡した地とも伝える。そばには延福寺《えんぷくじ》があり、尊氏・直義の早世した兄高義《たかよし》は、延福寺殿と呼ばれる。兄弟ともに、諡号となる寺院は、足利氏ゆかりの地である浄妙寺周辺に設定さ

▼**追善法語**　法語とは、禅僧が示す教導の文章。禅宗様式での死後仏事や周忌仏事では、中心を担う禅僧が故人をとむらう文章を述べる。禅僧の語録や詩文集に収録され、故人の貴重な情報となることも多い。

れていたことになる。尊氏が一三五四（文和《ぶんな》三）年、亡母十三回忌に企図した一《いっ》切経《さいきょう》の書写者には、浄妙寺や延福寺とならんで「大休禅寺」の僧侶がみえ、時の住持《じゅうじ》は月山希一である。

京都にも大休寺という寺院はあったらしい。直義の側近に僧妙吉《みょうきつ》がいる。妙吉は、『太平記《たいへいき》』では、夢窓から派遣されて直義に随侍し、直義と高師直らの対立を促した人物として描かれる。『太平記』によると、直義は、妙吉のため、一条《いちじょう》堀川辺り、村雲《むらくも》の戻橋《もどりばし》に寺を建立《こんりゅう》した。これを江戸《えど》時代の京都の地誌は大休寺にあてている。今のところ、京都大休寺の実際は定かでなく、直義の諡号とされた大休寺は鎌倉のそれとみなしてよいであろう。

鎌倉に所在する寺院を諡号としたのは、鎌倉で死去したことが大きな要因であろう。しかし、京都で直義を顕彰し追悼するための寺院は設定されなかったことも見逃せない。

直義の追善仏事は、鎌倉、京都ともに確認される。京都の事例をあげると、一三六四（貞治三）年、義詮が参加して等持寺などで十三回忌仏事、六八（応安元）年、義満主催で十七回忌、八四（至徳《しとく》元）年、義満が参加して等持院で三十三回忌が行われ、そのほかの年忌仏事も断片的に確認される。いずれも大規模な仏事とは思えず、尊氏など歴代将軍と比べると扱いは明らかに異なる。それでも、追善仏事はたしかに行われている。その理由の一つとして、政治的対立のなか、兄によって死に追いやられた霊魂に対する畏れがあったことは疑いない。

直義の鎮魂

直義の鎮魂は政権の課題となっていた。森茂暁氏が整理されているように、鎮魂の事例としてよく知られるのは、死後贈位と神格化である。

一三五八(延文《えんぶん》三)年二月、直義に従二位《じゅにい》が贈られる。急な決定で、理由は明示されなかったようだが、尊氏の死の二カ月前であり、尊氏の容体悪化のなかで、直義を鎮魂する目的だったと考えられている。この時、贈位を告げる先は関東と認識されており、直義をとむらう寺院は、鎌倉の大休寺があてられていたことが確認される。

神格化は、一三六二(貞治元)年七月に行われた。直義を勧請《かんじょう》し、「仁祠《じんし》」を天龍寺のかたわらに建立している。ここでも理由は明示されないが、通例と同じく、直義の荒ぶる霊魂を鎮めるために行われたのであろう。「大倉《おおくら》二位大明《だいみょう》神《じん》」と呼ばれたらしい。大倉という名は、鎌倉の大蔵谷《おおくらがやつ》に由来するという。鎌倉幕府が最初に幕府をおいた地域である大蔵▲と関連する地名かと思われる。

関連して居所の八幡宮《はちまんぐう》にふれたい。さきに述べたように、直義の京都での最初の邸宅である三条殿は、八幡宮のある地におかれた（一八ページ参照）。この八幡宮は、直義の死後、隣接して設けられた義詮邸の鎮守と位置づけられ、三条坊門八幡宮（三条八幡宮）と呼ばれる。義詮晩年には醍醐寺三宝院《だいごじさんぼういん》光済《こうさい》▲が別当《べっとう》職《しき》に任じられており、くだって義持執政初期に醍醐寺に寄進されたようで、満《まん》済《さい》が管理を行っている。

義持の弟である足利義嗣《よしつぐ》▲は、直義と同じような死後の扱いを受けている。義嗣は義満の寵愛を受けたが、義満死後、義持執政期には、反義持の政治行動を行った嫌疑をかけられ、出奔《しゅっぽん》、幽閉、出家をへて一四一八（応永二十五）年に殺害される。義持の後継者であった義量が死の病に伏せった際は、義嗣の怨霊《おんりょう》が祟ったと懼《おそ》れられている。義持の跡を継いだ義教は、就任翌年の一四二九（永《えい》享《きょう》元）年七月、義嗣邸跡に新造した小社の管理を、三条八幡宮にならって、醍

▼**大蔵**　大倉とも。鶴岡《つるがおか》八幡宮の東、金沢への街道沿いの広域をさす地名。東は十二所《じゅうにそ》、南は滑川《なめりがわ》、北は瑞泉寺辺りまでと推定され、浄妙寺・大休寺も含まれる。

▼**光済**　一三二六〜七九。柳原《やなぎはら》資明《すけあきら》の子。叔父である賢俊《けんしゅん》の弟子となり、法流や所職を継承、三宝院院主《いんじゅ》として醍醐寺や東寺《とうじ》の長官となる。義詮から義満初期、公武の祈禱《きとう》を担った。

▼**足利義嗣**　一三九四〜一四一八。義満の子。三千院《さんぜんいん》（梶井門跡《かじいもんぜき》）に入室したが戻される。最晩年の義満の寵愛を受け、義持を措いて後継者となる勢いだった。義満死後、義持と対立、一四一六（応永二十三）年、鎌倉での上杉禅秀《ぜんしゅう》の反乱に呼応を試みて失敗した。

醐寺三宝院満済に委ねる。九月には正一位《しょういちい》の贈位を行い、さらに神に勧請し「新大蔵宮《しんおおくらのみや》」という称号をあたえている。直義に準ずる扱いであったことは明白である。逆にいえば、義嗣の事例から、直義の霊魂が懼れられていたようすを推測できることになる。

さて、さきに足利氏権威の向上を述べるなかで、足利家時の置文を取り上げた。家時置文の関連史料には、直義が一見して感激した旨を、高師氏《もろうじ》に宛てた書状があり、醍醐寺に伝来している（三五ページB）。この史料が醍醐寺に伝来したのは、一四二一（応永二十八）年、将軍義持が、家時の御書（置文）とともに、醍醐寺三宝院満済にあずけたためである（三五ページC）。

義持はなぜ家時置文と直義書状を満済にあずけたのだろうか。まず、当然ながら、尊氏・直義の時は、家時置文を政権樹立の根拠としうるのに対し、義持の時代には家時置文にそのような利用価値は失われていた。それでも足利家再興の根拠として顕彰し宣伝利用する価値はあったはずだ。しかし、家時置文に関連する史料はほかになく、利用された形跡はない。義持は、満済にあずけることで、世間から秘匿したことになる。その理由は、家時置文と直義書状を一体のものとして扱っているところにうかがえないだろうか。家時置文は、直義およびその周辺が関与した、直義と密接に関連するものとして記憶されていたのであろう。それゆえ現政権から切り離し、封印すべきものとして認識されたのではないだろうか。その預け先は満済、三条坊門八幡宮を託したその人である。

直義の鎮魂は、まず尊氏の死の直前と死後のまもないころに、贈位・神格化としてあらわれた。いまだ直義と同時代を生きた人びとが存命するなか、記憶のなかの直義に対する鎮魂であった。その後、義満は、直義が活躍した時期の尊氏・直義の施策を継承せず、あらたな政権基盤を構築していく。義満の施策を継承した義持は、尊氏・直義ともに政権の創始者として高い位置付けをあたえた形跡はない。それでも尊氏は、丁重に追善するなど、初代将軍として敬意を払う対象であった。一方、直義は、家時と同じくいむべき先祖として、みずからとは切り離して鎮魂する存在となっていたのだろう。

写真所蔵・提供者一覧(敬称略, 五十音順)

安国寺　　カバー裏
伊豆の国市　　p. 24
忌宮神社・栃木県立博物館　　扉
園城寺(協力　大津市歴史博物館)　　p. 87上
京都府立京都学・歴彩館　東寺百合文書WEB　　p. 72中・下
国立公文書館　　p. 37下, 72上
篠村八幡宮・栃木県立博物館　　p. 9下
篠村八幡宮・亀岡市観光協会　　p. 13
清浄光寺(遊行寺)　　p. 6
常照皇寺　　p. 27左
浄土寺・尾道市教育委員会　　p. 48上
浄土寺・栃木県立博物館　　p. 48下
浄妙寺・栃木県立博物館　　p. 87右下
醍醐寺　　p. 37上
天龍寺　　p. 26
東京藝術大学　　p. 40
東京大学史料編纂所　　p. 60
等持院・栃木県立博物館　　p. 87左下
奈良国立博物館(撮影　佐々木香輔)　　p. 32
宝筐院　　p. 12
宝慈院・神奈川県立金沢文庫　　p. 19
妙智院　　p. 27右
メトロポリタン美術館　　カバー表
個人蔵・栃木県立博物館　　p. 5

細川武稔『京都の寺社と室町幕府』吉川弘文館, 2010年
堀川貴司「足利直義　政治・信仰・文学」『和漢比較文学叢書』13, 汲古書院, 1992年
本郷和人『新・中世王権論　武門の覇者の系譜』新人物往来社, 2004年(のち文春学藝ライブラリー, 2017年)
本郷恵子『将軍権力の発見』(講談社選書メチエ)講談社, 2010年
松尾剛次『日本中世の禅と律』吉川弘文館, 2003年
三島暁子『天皇・将軍・地下楽人の室町音楽史』思文閣出版, 2012年
峰岸純夫『足利尊氏と直義　京の夢, 鎌倉の夢』(歴史文化ライブラリー)吉川弘文館, 2009年
峰岸純夫・江田郁夫編『足利尊氏再発見　一族をめぐる肖像・仏像・古文書』吉川弘文館, 2011年
峰岸純夫・江田郁夫編『足利尊氏　激動の生涯とゆかりの人々』戎光祥出版, 2016年
村井章介『日本の中世10　分裂する王権と社会』中央公論新社, 2003年
桃崎有一郎「初期室町幕府の執政と『武家探題』鎌倉殿の成立」『古文書研究』68, 2010年
森茂暁『足利直義　兄尊氏との対立と理想国家構想』(角川選書)KADOKAWA, 2015年
森茂暁『足利尊氏』(角川選書)KADOKAWA, 2017年
山田邦明『鎌倉府と地域社会』同成社, 2014年
山田徹「室町幕府所務沙汰とその変質」『法制史研究』57, 2007年
山田敏恭「足利家時置文再考」『人文論究』58－1, 2008年
山家浩樹「無外如大と無着」『金沢文庫研究』301, 1998年
山家浩樹「本所所蔵『賢俊僧正日記』暦応五年条について」『東京大学史料編纂所研究紀要』9, 1999年
吉田賢司「室町幕府論」『岩波講座日本歴史 8　中世 3』岩波書店, 2014年
「2017年度歴史学研究会大会報告　中世史部会　日本中世の権威と秩序」『歴史学研究』963, 2017年
東京大学史料編纂所編『大日本史料』第六編, 東京大学史料編纂所(大日本史料総合データベース)

参考文献

網野善彦・笠松宏至責任編集『後醍醐と尊氏　建武の新政』(週刊朝日百科日本の歴史中世２－１)朝日新聞社, 1986年
石原比伊呂『室町時代の将軍家と天皇家』勉誠出版, 2015年
市沢哲『日本中世公家政治史の研究』校倉書房, 2011年
市沢哲責任編集『南北朝の動乱に迫る』(週刊新発見！日本の歴史22)朝日新聞出版, 2013年
今枝愛眞『中世禅宗史の研究』東京大学出版会, 1970年
岩元修一『初期室町幕府訴訟制度の研究』吉川弘文館, 2007年
上島有『足利尊氏文書の総合的研究』国書刊行会, 2001年
大田壮一郎『室町幕府の政治と宗教』塙書房, 2014年
大津市歴史博物館編『三井寺仏像の美　智証大師円珍生誕1200年記念企画展』2014年
小川剛生『足利義満　公武に君臨した室町将軍』(中公新書)中央公論新社, 2012年
小川信『足利一門守護発展史の研究』吉川弘文館, 1980年
笠松宏至『法と言葉の中世史』(平凡社選書)平凡社, 1984年(のち平凡社ライブラリー, 1993年)
亀田俊和『室町幕府管領施行システムの研究』思文閣出版, 2013年
亀田俊和『足利直義　下知, 件のごとし』(ミネルヴァ日本評伝選)ミネルヴァ書房, 2016年
北村昌幸『太平記世界の形象』塙書房, 2010年
小秋元段『太平記・梅松論の研究』汲古書院, 2005年
小松茂美『足利尊氏文書の研究』旺文社, 1997年
櫻井彦・樋口州男・錦昭江編『足利尊氏のすべて』新人物往来社, 2008年
佐藤進一『日本の歴史９　南北朝の動乱』中央公論社, 1965年
佐藤進一『日本中世史論集』岩波書店, 1990年
佐藤進一『足利義満　国家の統一に賭けた生涯』(日本を創った人びと11)平凡社, 1980年(改題『足利義満　中世王権への挑戦』平凡社ライブラリー, 1994年)
清水克行『足利尊氏と関東』(人をあるく)吉川弘文館, 2013年
高岸輝『室町王権と絵画　初期土佐派研究』京都大学学術出版会, 2004年
高橋典幸「将軍の任右大将と『吾妻鏡』」『年報三田中世史研究』12, 2005年
高柳光寿『足利尊氏』春秋社, 1955年(改稿版は1966年)
田辺久子『関東公方足利氏四代　基氏・氏満・満兼・持氏』吉川弘文館, 2002年
玉村竹二『夢窓国師　中世禅林主流の系譜』(サーラ叢書10)平楽寺書店, 1958年
千田孝明『足利尊氏と足利氏の世界』随想舎, 2012年
徳永誓子「水無瀬御影堂と臨済宗法燈派」『日本宗教文化史研究』８－１, 2004年
栃木県立博物館編『足利尊氏　その生涯とゆかりの名宝』2012年
栃木県立博物館編『中世宇都宮氏　頼朝・尊氏・秀吉を支えた名族』2017年
西山美香『武家政権と禅宗　夢窓疎石を中心に』笠間書院, 2004年
新田一郎『日本の歴史11　太平記の時代』講談社, 2001年(のち講談社学術文庫, 2009年)
羽下徳彦『中世日本の政治と史料』吉川弘文館, 1995年
早島大祐『室町幕府論』(講談社選書メチエ)講談社, 2010年

足利尊氏・足利直義とその時代

西暦	年号	齢(尊)	齢(直)	おもな事項
1305	嘉元 3	1		尊氏生まれる
1307	徳治 2	3	1	直義生まれる
1319	元応元	15	13	*10-10* 尊氏，従五位下に
1326	嘉暦元	22	20	*5-26* 直義，従五位下に
1330	元徳 2	26	24	尊氏嫡男義詮誕生，母赤橋登子
1331	3	27	25	*9-5* 父貞氏死去
1333	正慶 2	29	27	*4-29* 尊氏，篠村八幡宮に願文をささげる。*5-* 鎌倉幕府滅亡，建武政権開始
1335	建武 2	31	29	*8-* 鎌倉の北条時行軍に勝利。反後醍醐を明確に
1336	3	32	30	*1-27* 京都を維持できず，2月，九州へ。*5-* 京都奪還。*11-7* 建武式目制定(室町幕府開始)
1337	4	33	31	*3-6* 越前国金崎城から新田義貞敗走
1338	暦応元	34	32	*5-22* 北畠顕家死去。*8-11* 尊氏，征夷大将軍に。直義，左兵衛督に。*9-* 北畠親房ら東国へ
1339	2	35	33	*8-16* 後醍醐天皇死去。*10-5* 亀山殿を後醍醐天皇の菩提を弔う禅刹とする(のちの天龍寺)
1342	康永元	38	36	*8-5* 法観寺塔落慶供養。*12-23* 母上杉清子死去
1344	3	40	38	*7-23* 安国寺・利生塔の名称を奏請。*9-23* 直義，従三位に。*10-*『夢中問答集』刊行される
1345	貞和元	41	39	*4-23* 直義，神護寺に願文奉納。*8-29* 天龍寺落慶供養
1348	4	44	42	*1-5* 楠木正行死去。*1-28* 高師直軍吉野攻撃，南朝賀名生へ
1349	5	45	43	*4-* 足利直冬，中国探題に。*8-14* 直義失脚。*12-8* 直義出家
1351	観応 2	47	45	*2-* 直義復権。*8-1* 直義，京都脱出。*9-30* 夢窓疎石死去。*11-4* 尊氏，南朝と講和して関東へ
1352	文和元	48	46	*2-26* 直義，鎌倉で死去。閏*2-* 尊氏・義詮，南朝との講和破綻。北朝三上皇，南朝管理下に。*8-17* 北朝，後光厳天皇即位
1353	2	49		*9-21* 尊氏，後光厳天皇と京都入京
1354	3	50		*4-17* 北畠親房死去。*12-24* 尊氏，近江に退去
1355	4	51		*3-13* 尊氏，京都回復
1357	延文 2	53		*2-18* 三上皇，京都に戻る
1358	3	54		*2-12* 直義に贈従二位。*4-30* 尊氏死去。*6-3* 尊氏に贈左大臣・従一位
1362	貞治元			*7-22* 直義を「大倉二位大明神」として勧請
1457	長禄元			*4-28* 尊氏に贈太政大臣

山家浩樹(やんべ こうき)
1960年生まれ
東京大学大学院人文科学研究科国史学専攻修士課程修了
専攻，日本中世史
東京大学史料編纂所教授
主要著書・論文
「室町時代の政治秩序」(『日本史講座 4 』東京大学出版会2004)
「越前国坂北庄をめぐる天皇と室町殿」(『室町時代研究』3，2011)
「鎌倉五山・京都五山と尼五山」(村井章介編『東アジアのなかの建長寺』勉誠出版2014)
「端裏ウハ書をめぐって」(湯山賢一編『古文書料紙論叢』勉誠出版2017)

日本史リブレット人 036
足利尊氏《あしかがたかうじ》と足利直義《あしかがただよし》
動乱のなかの権威確立

2018年 2 月25日　1 版 1 刷　発行
2020年 7 月30日　1 版 2 刷　発行

著者：山家浩樹《やんべこうき》

発行者：野澤伸平

発行所：株式会社 山川出版社

〒101－0047　東京都千代田区内神田 1 －13－13
電話 03(3293)8131(営業)
03(3293)8135(編集)
https://www.yamakawa.co.jp/
振替 00120-9-43993

印刷所：明和印刷株式会社

製本所：株式会社 ブロケード

装幀：菊地信義

Printed in Japan ISBN 978-4-634-54836-7

日本史リブレット 人

1 卑弥呼と台与 —— 仁藤敦史
2 倭の五王 —— 森　公章
3 蘇我大臣家 —— 佐藤長門
4 聖徳太子 —— 大平　聡
5 天智天皇 —— 須原祥二
6 天武天皇と持統天皇 —— 義江明子
7 聖武天皇 —— 寺崎保広
8 行基 —— 鈴木景二
9 藤原不比等 —— 坂上康俊
10 大伴家持 —— 鐘江宏之
11 桓武天皇 —— 西本昌弘
12 空海 —— 曾根正人
13 円仁と円珍 —— 平野卓治
14 菅原道真 —— 大隅清陽
15 藤原良房 —— 今　正秀
16 宇多天皇と醍醐天皇 —— 川尻秋生
17 平将門と藤原純友 —— 下向井龍彦
18 源信と空也 —— 新川登亀男
19 藤原道長 —— 大津　透
20 清少納言と紫式部 —— 丸山裕美子
21 後三条天皇 —— 美川　圭
22 源義家 —— 野口　実
23 奥州藤原三代 —— 斉藤利男
24 後白河上皇 —— 遠藤基郎
25 平清盛 —— 上杉和彦
26 源頼朝 —— 高橋典幸
27 重源と栄西 —— 久野修義
28 法然 —— 平　雅行
29 北条時政と北条政子 —— 関　幸彦
30 藤原定家 —— 五味文彦
31 後鳥羽上皇 —— 杉橋隆夫
32 北条泰時 —— 三田武繁
33 日蓮と一遍 —— 佐々木馨
34 北条時宗と安達泰盛 —— 福島金治
35 北条高時と金沢貞顕 —— 永井　晋
36 足利尊氏と足利直義 —— 山家浩樹
37 後醍醐天皇 —— 本郷和人
38 北畠親房と今川了俊 —— 近藤成一
39 足利義満 —— 伊藤喜良
40 足利義政と日野富子 —— 田端泰子
41 蓮如 —— 神田千里
42 北条早雲 —— 池上裕子
43 武田信玄と毛利元就 —— 鴨川達夫
44 フランシスコ＝ザビエル —— 浅見雅一
45 織田信長 —— 藤田達生
46 徳川家康 —— 藤井讓治
47 後水尾天皇と東福門院 —— 山口和夫
48 徳川光圀 —— 鈴木暎一
49 徳川綱吉 —— 福田千鶴
50 渋川春海 —— 林　淳
51 徳川吉宗 —— 大石　学
52 田沼意次 —— 深谷克己
53 遠山景元 —— 藤田　覚
54 酒井抱一 —— 玉蟲敏子
55 葛飾北斎 —— 小林　忠
56 塙保己一 —— 高埜利彦
57 伊能忠敬 —— 星埜由尚
58 近藤重蔵と近藤富蔵 —— 谷本晃久
59 二宮尊徳 —— 舟橋明宏
60 平田篤胤と佐藤信淵 —— 小野　将
61 大原幽学と飯岡助五郎 —— 高橋　敏
62 ケンペルとシーボルト —— 松井洋子
63 小林一茶 —— 青木美智男
64 鶴屋南北 —— 諏訪春雄
65 中山みき —— 小澤　浩
66 勝小吉と勝海舟 —— 大口勇次郎
67 坂本龍馬 —— 井上　勲
68 土方歳三と榎本武揚 —— 宮地正人
69 徳川慶喜 —— 松尾正人
70 木戸孝允 —— 一坂太郎
71 西郷隆盛 —— 徳永和喜
72 大久保利通 —— 佐々木克
73 明治天皇と昭憲皇太后 —— 佐々木隆
74 岩倉具視 —— 坂本一登
75 後藤象二郎 —— 鳥海　靖
76 福澤諭吉と大隈重信 —— 池田勇太
77 伊藤博文と山県有朋 —— 西川　誠
78 井上馨 —— 神山恒雄
79 河野広中と田中正造 —— 田崎公司
80 尚泰 —— 川畑　恵
81 森有礼と内村鑑三 —— 狐塚裕子
82 重野安繹と久米邦武 —— 松沢裕作
83 徳富蘇峰 —— 中野目徹
84 岡倉天心と大川周明 —— 塩出浩之
85 渋沢栄一 —— 井上　潤
86 三野村利左衛門と益田孝 —— 森田貴子
87 ボアソナード —— 池田眞朗
88 島地黙雷 —— 山口輝臣
89 児玉源太郎 —— 大澤博明
90 西園寺公望 —— 永井　和
91 桂太郎と森鷗外 —— 荒木康彦
92 高峰譲吉と豊田佐吉 —— 鈴木　淳
93 平塚らいてう —— 差波亜紀子
94 原敬 —— 季武嘉也
95 美濃部達吉と吉野作造 —— 古川江里子
96 斎藤実 —— 小林和幸
97 田中義一 —— 加藤陽子
98 松岡洋右 —— 田浦雅徳
99 溥儀 —— 塚瀬　進
100 東条英機 —— 古川隆久

〈白ヌキ数字は既刊〉